LA VIE
QUAND MÊME

AIRBUS A.320

GERDA BURG

La vie quand même

Airbus A.320

« L'histoire à vif »

LES ÉDITIONS DU CERF
PARIS
1992

Les droits d'auteur provenant de la vente de ce livre seront versés intégralement au profit des enfants brûlés défavorisés de :

L'Association « Assistance Brûlés »
Centre Hospitalier Régional du Bon-Secours
B.P. 1065
57038 METZ

(29, boulevard Latour-Maubourg 75340 Paris Cedex 07)
ISBN 2-204-04633-7
ISSN 0299-2833

Mulhouse, le 26 Juin 1989

Bonjour! la Vie... mon amie!

Pourquoi... m'as-tu si cruellement giflée l'année dernière avant mes vacances d'été?

Pourquoi... as-tu permis à l'Airbus A 320 de se cracher dans la forêt le 26 Juin 1988?

Pourquoi... as-tu laissé les flammes me brûler le côté droit de mon corps et de mon visage?

Pourquoi... m'as-tu donné autant de courage, de foi, de volonté pour supporter mes souffrances de brûlée?

Pourquoi... as-tu mis dans mon esprit une telle rage de vivre, de vaincre, de lutter?

Pourquoi... m'as-tu puni en me privant à jamais du soleil?

Je l'aimais tellement... tu sais... tellement!!

Et, Pourquoi... as-tu voulu que je fasse un trait sur mon passé?

Mais, surtout; pourquoi, après 12 mois de lutte, alors que j'ai tout fait pour redevenir une femme... pourquoi, je ne peux pas encore vivre comme les autres?

Tu m'imposes encore tellement de contraintes journalières et je ne fais qu'attendre, attendre, toujours attendre!

Oui!! Je sais que « Le temps est un grand Maître et il arrange beaucoup de choses. »

La Vie, mon amie... eh bien! voilà... j'ai enfin compris!!

Oui!! Tu tenais à ce que je découvre moi-même la réponse à toutes mes questions: puisque je réalise ce que veut dire: « La Vie » et on en a qu'« UNE »

Toi, mon amie, tu m'as accordé un « NOUVEAU DÉPART »

Je peux dire « UNE DEUXIÈME VIE » avec ceux que j'aime et pour les autres afin que je puisse leur faire comprendre que nous n'avons pas toujours la chance d'un « Nouveau Départ » et qu'il faut vivre sa vie avec joie et confiance.

Mon amie, à présent que j'ai tout compris il ne me reste plus qu'à te demander de me laisser encore une énorme dose de patience, avec du courage et en plus beaucoup, beaucoup d'amour.

La Vie, mon amie, je ne te poserai plus jamais de questions... mais laisse moi te dire avec tout mon cœur la phrase qui me brûle les lèvres en ce 26 Juin 1989! un an après...

La Vie, mon amie, Je t'aime!!

Gerda Burg

Je dédie mon livre et mon poème
à tous ceux qui souffrent.

L'ACCIDENT

1

« Pascal, maintenant que tu es majeur, je te demande de ne pas vendre nos magasins. Occupe-toi surtout de ta petite sœur Séverine au cas où nous ne reviendrions pas. »

– Mais tu es folle de parler ainsi! répond-il, horrifié.

– On ne sait jamais! Tu sais, j'ai un drôle de pressentiment...

– Ce n'est pas possible, on dirait que tu n'as encore jamais pris l'avion! Allez, maman, fais pas la gamine! »

Il m'embrasse affectueusement pendant que mes yeux se remplissent de larmes. Les refoulant avec peine, je me dirige à présent vers le salon pour y retrouver Séverine qui regarde les informations à la télévision. Je l'embrasse en l'enlaçant très fort dans mes bras.

– Aïe! tu me fais mal! Ne me serre donc pas si fort. »

Je ne lui réponds pas et traverse la pièce pour saluer en dernier ma belle-mère qui m'attend, souriante, sur le seuil de la cuisine. Encore une fois, je redis ces mots invraisemblables :

« Maman, promets-moi une chose. »

Elle me fixe, étonnée de ma requête.

« Quoi? » demande-t-elle, ajoutant joyeusement : « Gerda! vite, dépêche-toi, tu vas être en retard, rejoins ton mari qui s'impatiente déjà dans le garage! »

Je reprends :

« Maman, promets-moi de t'occuper de nos enfants au cas où nous ne reviendrions pas! »

Ses yeux s'agrandissent de stupéfaction devant une telle prière. Elle me gronde gentiment :

« Quelle idée! On devrait être joyeux de pouvoir voler en Airbus au-dessus des Alpes. Dans une heure et demie tu seras de retour. Allez, file, et ne dis donc pas des idioties pareilles.

– Au revoir maman, murmurai-je émue. À tout à l'heure. »

Telles sont mes dernières paroles en quittant notre maison, le dimanche 26 juin 1988.

Date à jamais imprimée dans ma mémoire, car elle va marquer ma vie. Une vie si heureuse entre un mari toujours aussi amoureux qu'au début de notre mariage, deux enfants qui me donnent beaucoup de joie et un métier passionnant. Ce bonheur va en ce jour être brisé, bouleversé par la destinée ou la négligence humaine. Pourtant, je suis si fière et joyeuse d'avoir gagné avec mon mari ces deux places pour le fameux baptême de l'air de l'Airbus A 320. Il s'agit d'un vol au-dessus des Alpes, en fin de compte un simple aller et retour d'une heure. Mais au fur et à mesure que ce moment approche, ma joie se dissipe pour laisser place à une appréhension incompréhensible. La veille même du 26 juin 1988, j'exprime mon manque d'enthousiasme à plusieurs de mes clients et amis.

Le samedi 25 juin au soir, malgré la fatigue accumulée toute la journée, je m'amusai à constituer un petit album de photos gagné par Séverine l'après-midi à la fête de son collège. Me voyant faire, Fernand, mon mari, me lança gentiment :

« Encore un album photo de plus, comme si tu n'en n'avais pas assez !

– Oui, mais celui-là est différent, je pourrais l'emporter partout avec moi. »

Mon mari se contenta de sourire. Nous nous couchâmes très tard ce samedi soir.

2

Dimanche, 26 juin 1988. Après une matinée normale, un déjeuner joyeux avec mamie et les enfants, arrive le moment où nous devons nous préparer. Et nous sommes bien nerveux. Moi ne sachant pas quelle toilette choisir, ne parvenant pas à fixer mon choix. Jamais je n'ai été aussi indécise! À ce moment-là, j'entends des exclamations rageuses dans la salle de bain. Mon mari vient de se couper sérieusement en se rasant comme un débutant. Cet incident marque le retour de cette drôle de sensation qui me noue l'estomac ces derniers jours. Il est vrai qu'au fond de moi se développent une angoisse et une crainte que je n'arrive pas à effacer de mon esprit.

« Et dire qu'il faut gâcher notre seul jour de repos avec ce vol! Il nous fait perdre tout l'après-midi, murmurai-je. Si seulement je pouvais offrir ces deux billets à quelqu'un d'autre qui apprécierait plus cette chance! »

Je n'arrête pas de me répéter les mêmes phrases, tout en aidant mon mari à soigner ses coupures.

Vers 13 h 30, nous quittons enfin notre maison. En silence, nous nous dirigeons vers l'aéroport de Mulhouse-Bâle. Je m'efforce de ne pas montrer l'angoisse qui m'envahit de plus en plus. En arrivant sur le parking de l'aéroport, Fernand se trompe de direction. Il franchit sans s'en rendre compte un sens interdit pour enfin se garer. Après ce petit incident, nous traversons le sous-sol pour déboucher dans le hall des départs. À l'un des guichets, nous repérons tout de suite un joyeux groupe de personnes qui patientent et discutent bruyamment. L'exaltation et la bonne humeur des enfants m'apaisent un peu. Je regrette de ne pas avoir emmené Pascal et Séverine. Un organisateur nous fait entrer à ce moment-là dans la salle d'attente. Peu après, il nous distribue des dépliants détaillant les particularités de l'Airbus A 320.

Fernand s'exclame en feuilletant les brochures :

« Regarde, Gerda, l'Airbus est beaucoup plus petit que je ne l'imaginais. Je suis bien déçu. Je m'attendais à autre chose. »

Fixant mon attention sur les plans de l'avion, je lui réponds :

« Tu as raison. Je le voyais beaucoup plus grand, moi aussi ! »

Notre conversation est interrompue par une hôtesse de l'air qui prie notre groupe de quitter le hall d'attente pour rejoindre la piste d'envol. Gaiement, avec discipline, nous avançons lentement vers le couloir de la sortie.

À partir de cet instant, notre compte à rebours se déclenche. Devant nous, à une centaine de mètres, se dresse l'appareil fier et flambant neuf (sa sortie d'usine date de deux jours seulement). Je me cramponne brusquement au bras de Fernand car un frisson glacial me transperce le cœur. Je me répète à plusieurs reprises en soupirant : « Si seulement nous étions déjà de retour ! Si seulement nous étions déjà à la maison ! Si seulement nous n'avions pas gagné ces deux billets ! »

Comme un automate, je gravis les dernières marches. Elles me conduisent vers une hôtesse radieuse, qui nous souhaite la bienvenue. Au fond de moi, je me dis au moment précis où mes pieds touchent la carlingue : *ceci sera mon tombeau*. Je sais que c'est de la folie de penser semblable chose, mais je ne peux m'en empêcher.

Immédiatement, je suis saisie par l'excitation que j'éprouve toujours en montant dans un avion. Quelle place choisir ? Les autres passagers font eux aussi leur choix avec nervosité : pour beaucoup d'entre eux, il s'agit d'un véritable baptême de l'air.

Je m'installe d'abord à l'avant de l'appareil, mais la place à côté du hublot est déjà occupée. Fernand trouve qu'il vaut mieux aller plus loin. Notre choix s'arrête enfin sur la douzième rangée, au-dessus de l'aile. Machinalement, je m'installe près du hublot. J'aperçois à ma grande surprise et à mon grand soulagement qu'une porte de secours se trouve à côté de celui-ci. Ma première réflexion est : « Quelle chance, une sortie de secours ! Si jamais il arrive un malheur, je serai la première à sortir ! »

Je souris malgré mon angoisse à Fernand. Il me serre la main affectueusement. Enfin, lorsque tous les passagers sont installés, les ceintures bouclées, l'avion décolle. Je sens l'appareil s'élancer dans le ciel, comme s'il était pressé d'arriver à destination.

L'hôtesse de l'air, assise à côté de Fernand, se penche à ce moment-là vers moi en me disant :

« Vous portez un magnifique pull !

– Oui, il est beau, je lui réponds fièrement, c'est moi-même qui l'ai tricoté !

– Mes compliments, il est très bien fait ! »

Nous cessons de bavarder car à peine l'avion prend-il de l'altitude qu'il effectue un virage terriblement serré. Des cris craintifs et joyeux à la fois fusent de toutes parts. Pour moi qui ai l'habitude de prendre l'avion, cela n'est pas normal. A cet instant, mon cœur éprouve à nouveau une incroyable sensation de panique. Oubliant les compliments de l'hôtesse de l'air, je me serre de plus en plus fort contre mon mari. Ses yeux confiants me rassurent. Quelques instants auparavant, le commandant de bord nous a informés que nous allions survoler à deux reprises le meeting aérien d'Habsheim. Oh ! quelle surprise et quel étonnement pour mon mari et moi.

L'avion vole donc en direction de l'aérodrome d'Habsheim où se déroule le meeting de l'aéro-club de Mulhouse, à une vitesse que je trouve pour le moment normale. Mais brusquement, je sens un changement de régime des moteurs. L'appareil effectue une descente très rapide comme s'il voulait amorcer un atterrissage.

Le bruit des réacteurs diminue. L'avion perd de la vitesse. J'ai la réelle impression d'être prisonnière d'un projectile qui se jette impétueusement vers une cible verdâtre qui se visualise dans mes yeux comme sur un écran. Je devine qu'il n'y a pas de piste à cet endroit-là. Mais une forêt ! D'ailleurs, de mon hublot, je l'aperçois nettement. Elle s'approche rapidement. Je m'exclame avec terreur :

« Ce n'est pas possible, Fernand, nous allons atterrir dans les arbres ! »

Je sens à ce moment précis que nous allons avoir un accident. Le pressentiment que j'éprouve depuis quarante-huit heures se concrétise. Mon cœur bat à tout rompre. L'avion fonce droit sur la forêt. On voit très bien les cimes des arbres. Ils s'approchent de plus en plus vite, de plus en plus près. L'avion perd de l'altitude de seconde en seconde. Brusquement les ailes frôlent l'extrémité des arbres. L'avion tombe, c'est évident ! Mon esprit s'affole en priant que cela ne soit qu'un cauchemar, que l'avion remonte sans problème. Hélas ! La réalité est le début d'un enfer ! C'est la catastrophe.

Les lumières s'éteignent brusquement. La carlingue est fortement secouée de gauche à droite, de haut en bas. Les pleurs, les hurlements des femmes et des enfants, les cris perçants des hommes jaillissent de l'obscurité. Les branches des arbres heurtent la carlingue ballottée dans tous les sens. Je vois défiler les arbres devant mon hublot... C'est une vision terrifiante. Je comprends que l'avion ne pourra plus s'élever dans les airs.

Jamais je n'oublierai cette sensation terrible, ce sentiment épouvantable, inoubliable, d'être prisonnière d'une réalité à peine imaginable. Vivre ses dernières secondes, affolement de se voir impuissante, de se dire qu'il n'y a plus rien à faire. Vérité impitoyable!

Un réflexe incroyable, une intuition me pousse à me mettre en position de boule pour amortir le choc. Je ne pourrais le décrire tellement il fut violent, douloureux, infiniment long. Mon corps a l'impression de se couper en deux et de se détacher vers l'avant de l'appareil. Une douleur encore plus vive me frappe à l'estomac, sans aucun doute provoquée par ma ceinture de sécurité. Celle-ci m'a retenue dans cet effroyable choc qui m'a semblé interminable, sans fin, presque irréel!

Vertigineuses secondes, accentuées par d'interminables pressions qui me serrent les tempes. Puis l'arrêt total, l'immense soulagement de constater, en relevant la tête, que Fernand est lui déjà debout, à côté de moi, sans être blessé! De voir des passagers paniqués courir vers l'avant de l'avion. Donc pour moi, c'est l'espoir fou de nous savoir sauvés puisqu'il y a une issue ouverte pour s'échapper de cet enfer!

Secondes cruciales devant mes pensées pêle-mêle! Mais, hélas, ma joie est de courte durée. Le reste se déroule en quelques fractions de seconde, les plus longues, les plus douloureuses et inoubliables de ma vie!

Alors qu'avec un incroyable calme je me débats pour détacher ma ceinture de sécurité, celle-ci reste malgré tous mes efforts coincée. Je suis à sa merci. Une sensation d'impuissance démesurée m'envahit.

« Fernand, ma ceinture ne s'ouvre pas! Vite, aide-moi! »

Ces mots à peine prononcés, je sens une indéfinissable chaleur et douleur. Automatiquement, mon regard se tourne vers la droite. Je constate avec horreur que la porte de l'issue de secours n'est plus là! Elle a disparu. L'aile est en feu. D'énormes flammes foncent sans pitié sur moi. Abominable vision, mon pied droit, mon bras droit, mes cheveux s'enflamment immédiatement. Je brûle. Je me vois brûler! Étourdie, je m'acharne à tirer sur la boucle de ma ceinture de sécurité.

« Fernand, aide-moi. Mon Dieu, la boucle est coincée!

– Ouvre ta ceinture! Vite, vite! »

Mes forces faiblissent.

« Je n'y arrive pas. Mon Dieu, je brûle! »

Mon mari m'ordonne en hurlant comme un fou :

« Vite, aide-moi, je vais te tirer par-dessus la ceinture! Vite, vite, pousse avec ton pied gauche! »

Mes forces prennent à cette seconde même une proportion incroyable. Dans mon esprit surgit alors comme un éclair, la pensée qu'il faut absolument garder mon calme, pour l'aider à me tirer de ce siège. Pour que lui, mon cher Fernand, ne brûle pas à son tour. Qu'il n'ait pas à souffrir comme moi! Oui... c'est cette pensée qui me donne la force, le courage de me soulever avec mon pied gauche.

Malgré mes souffrances, je participe à ses efforts afin qu'il puisse me hisser par-dessus cette ceinture de sécurité bloquée qui veut me retenir prisonnière!

J'entendrai toujours le bruit terrifiant de ma peau grésillant sous les flammes comme sur un gril. J'entendrai toujours le long cri mutilé de douleur de Fernand répétant sans relâche :

« Tu l'avais dit, tu l'avais dit, mon Dieu, tu l'avais dit! »

Je sentirai toujours la façon dont il tapait, désespéré, sur ma tête, sur mon corps, pour étouffer les flammes qui dévastaient mes cheveux et la partie droite de mon être. Je verrai toujours son regard rempli de folie douloureuse. Je n'oublierai jamais avec quel courage il m'arracha de ce siège en flammes pour me pousser ensuite dans le couloir de l'avion. Il hurlait aux passagers de dégager la sortie et de sauter dans le toboggan.

« Sautez, bon sang, mais sautez donc, l'avion peut s'enflammer à tout instant! »

Sans hésiter, il oblige les quatre à cinq personnes, paralysées par la peur, à se jeter dans celui-ci. Il m'y fait tomber à mon tour, du côté gauche, moins gonflé, qui retient encore les corps des passagers que Fernand vient de faire tomber avant moi. Tout en m'élançant dans ce désordre, je me retourne instinctivement pour m'assurer qu'il me suit. Je le vois enfin... grimaçant de douleur! Il vient de sauter de la carlingue sur le sol directement, car il n'y a plus de place dans le toboggan. D'un geste rapide et puissant, il me saisit par le bras et m'aide à me retirer au plus vite de cet enchevêtrement de corps affolés. Il m'entraîne loin de l'appareil tout en continuant à répéter :

« Tu l'avais dit, tu l'avais dit, mon Dieu, tu l'avais dit! »

Je réalise que Fernand subit lui aussi un choc terrifiant. Psychiquement, cela doit être épouvantable pour lui de me voir brûler... et je n'en souffre que davantage. Je peux même avouer qu'à cet instant il n'existe plus qu'une seule souffrance, la sienne « psychique » et la mienne « physique »; elles fusionnent ensemble pour n'en faire plus qu'une!

Un brave spectateur, Jeannot, un des premiers à se trouver sur les lieux de l'accident, nous aide à rejoindre le chemin de la clairière. Cette marche folle entre les arbustes et les arbres est hallucinante. Les curieux qui accourent nous regardent comme des revenants. Tous crient :

« Il y a des survivants! Il y a des vivants! Vite, courez, l'avion peut exploser à tout moment! »

J'ai l'impression de vivre dans un monde irréel. Les rescapés se sauvent dans tous les sens, en pleurant, en hurlant. Alors que moi, qui vois mon pied, ma main, mon bras, mon épaule déchiquetés, dont la peau se détache en lambeaux noircis, qui sens avec effroi mes cheveux roussis par le feu tomber par poignées, qui éprouve des douleurs, des élancements excessifs, je ne comprends pas pourquoi ils se comportent comme des fous. Je marche, résignée, accrochée au bras de mon pauvre mari accablé par mes souffrances et mes cris plaintifs.

Désespéré, il me donne sa veste pour dissimuler ma poitrine dénudée. Il m'encourage avec les mots de son cœur alors que j'avance péniblement sur le chemin rocailleux de la forêt, une de mes chaussures étant restée dans l'avion. Jeannot nous guide avec beaucoup de bienveillance vers la clairière que j'atteins dans l'espoir d'un secours. Depuis un moment déjà, j'éprouve une immense détresse dans mon esprit car une cuisante douleur me tenaille la partie droite du visage. Une sensation de brûlure profonde, constante, me transperce le front et la joue. Je ne peux plus m'empêcher à présent de crier :

« Fernand, mon visage me brûle, mon visage brûle...

– Mais non, Gerda, il n'a rien. Il n'a pas été touché. On ne voit rien » répète-t-il inlassablement, presque en sanglotant.

Sa voix est à présent cassée, décomposée, son regard hagard, chargé d'une totale impuissance devant ma souffrance qui prend des allures insupportables pour moi... pour lui! Il commence soudain à crier sans retenue vers les gens qui nous entourent avec curiosité :

« Ma femme souffre, je vous en supplie, cherchez de l'aide.

Vite, elle souffre. Ma femme est brûlée. Secourez-la, elle souffre! »

Mes pensées à ce moment? Mon Dieu! que dire? Je prie, prie comme une folle. Avec un sentiment délirant, je subis la certitude de ma prémonition, et cela dans ma propre chair. Je m'acharne à n'espérer qu'une chose, du secours, de l'aide, car je souffre de plus en plus. Cette affreuse sensation de brûlure m'envahit à présent entièrement. Je tressaille de douleur et mon esprit persévère à s'accommoder à ces souffrances qui m'étourdissent.

Parmi la foule qui commence à nous entourer, une jeune femme aux yeux remplis de compassion s'avance vers nous. Anne-Marie me conseille d'enlever tout de suite mon pull brûlé qui risque de rester collé à ma peau en refroidissant. Sans hésiter, elle m'aide avec énormément de précautions. Puis elle reprend le veston de mon mari pour cacher ma poitrine en aidant les secours. Elle nous encourage avec douceur et gentillesse. Aussi, confiante, je lui demande de prévenir notre famille restée à la maison. Inflexible, je répète plusieurs fois :

« Madame, je vous en supplie, appelez le numéro de téléphone suivant... Prévenez mes enfants et ma belle-mère. Dites-leur que nous sommes vivants. Rassurez-les. Je vous en prie, n'oubliez pas!

– Mais oui, mon enfant, calmez-vous, je vous le promets. »

Elle répète plusieurs fois notre numéro de téléphone. Je m'accroche désespérément à son regard chaleureux en lui demandant avec confiance :

« Madame, s'il vous plaît, aidez-moi à enlever mes boucles d'oreilles, ainsi que mes bagues. Je ne veux pas arriver à l'hôpital avec elles. »

Surprise de ma requête, elle s'exécute avec l'aide de mon mari. Il faut beaucoup de courage pour toucher mon oreille brûlée que je sens douloureuse, ainsi que mes doigts. Je m'acharne à enlever tous mes bijoux. Incroyables, les réflexes secondaires et bizarres que l'on peut éprouver dans une situation pareille!

Enfin, on entend la sirène de l'ambulance tant attendue. Quel soulagement! Les brûlures me tenaillent de plus en plus vivement. Anne-Marie et Jeannot arrêtent la voiture en priant l'ambulancier de m'emmener en premier, vu la gravité de mes blessures. On me couche sur une civière tout en me couvrant avec une drôle de couverture en papier « alu », doré et argenté. Mon mari prend place à côté du chauffeur. Je l'entends s'énerver car la circulation est difficile. Moi, je serre les dents et la main de la jeune infirmière qui me console.

Mes brûlures sont de plus en plus pénétrantes. Je prie pour ne pas hurler. Le trajet jusqu'à l'hôpital du Moenschberg de Mulhouse me paraît éternel. Je me souviens de m'être réveillée dans une grande pièce, entourée de médecins et d'infirmiers qui s'affairaient nerveusement autour de moi. On découpe ma jupe, mon slip, mon bustier. Mes nerfs à fleur de peau me provoquent d'incroyables soubresauts. Je n'arrive plus du tout à les contrôler.

« Madame, essayez de ne pas trembler, rien qu'une seconde! Je n'arrive absolument pas à enfoncer l'aiguille de la perfusion. »

Faiblement, je réponds :

« J'essaye... mais je n'y arrive pas. »

Je dus perdre connaissance à ce moment-là car je me retrouvai assise dans une sorte de baignoire dans laquelle je fus douchée. Une infirmière m'enlève la peau brûlée qui pend avec des pincettes. Je me souviens ensuite de m'être réveillée dans une salle, enveloppée dans une couvertue semblable à celle de l'ambulance. Une cuisante sensation allait jusqu'à l'intérieur de mon corps, de mes organes. Je souffrais le martyre. Inimaginable, à en perdre la raison. Dans les moments de lucidité, je pensais : « Mon Dieu! Ce n'est pas vrai, je vais me réveiller. Cela ne doit être qu'un cauchemar! »

Une voix inconnue me rappelle à la réalité en m'annonçant une première fois qu'on va m'évacuer en hélicoptère au Centre des brûlés à Lyon, une deuxième fois à Metz car il n'y a pas de place à Lyon! Je me dis : « Que vais-je faire à Metz? Mais où est situé Metz? Cela doit donc être sérieux pour que l'on ne me garde pas à Mulhouse. »

Je demande péniblement à la voix qui me parle :

« Je vais rester là-bas combien de temps?

– Deux à trois mois, je pense », me répond-elle.

Quel choc à cette réponse! Mon esprit s'affole. Mais que faire? Il me faut me rendre à l'évidence : je suis gravement atteinte pour que l'on m'emmène dans un centre de brûlés. Mon esprit lutte désespérément pour garder courage. Lorsque soudain, à travers un épais brouillard, au-dessus de moi, je distingue les visages en larmes de mon fils, de ma belle-mère et de mon amie Guiguitte. Ils sont bouleversés. Puis, plus rien. Le néant, la douleur, le vertige de la détresse commencent à m'inonder le cœur et le corps. Une voix aimée, émue, brisée, me réveille de cette torpeur. C'est mon Fernand chéri qui, en sanglotant, me parle avec beaucoup de peine.

« Gerda, je suis là. Tu m'entends? Je te promets... demain, je serai avec toi à Metz! Je ne te laisserai pas seule! Je t'en supplie, bats-toi! Courage... Je t'aime. »

Je ne comprends rien à toutes ces paroles. Elles me semblent venir de si loin, ainsi que toutes ces images qui vont et viennent. À travers cet engourdissement démesuré, j'ai l'impression de flotter au-dessus de mon corps. C'est terrible de ne pas pouvoir consoler Fernand. Lui dire que je veux vivre, que je l'aime. Cette souffrance me paralyse l'esprit. Je ne désire plus qu'une chose : que l'on me laisse tranquille! Que l'on me laisse goûter à cette inexplicable sensation de vertige qui m'emporte... très loin de la réalité!

Deux grandes ombres apparaissent au pied de mon lit. Ce sont le pilote et le médecin qui m'accompagnaient dans l'hélicoptère. À ce moment-là, la même voix me réveille une nouvelle fois, en prononçant une phrase que je ne pourrai jamais oublier :

« Madame, il faudra être encore plus courageuse, je vais vous intuber. Je ne peux pas vous anesthésier, il faudra malheureusement supporter. Je dois vous enfoncer un tube jusqu'à l'estomac afin de vous protéger contre tout étouffement au cas où vous vomissiez – incident prévisible pendant votre transport en haute altitude. Je vais vous faire mal, mais je ne peux éviter cette opération. Je n'ai pas le choix. Courage! »

Mon cœur s'affole à cette inévitable révélation. Je suis complètement anéantie. Mes lèvres tremblent de peur. D'un geste rapide le médecin me tire la langue fortement vers l'avant. Je sens un tube rigide et froid s'enfoncer péniblement dans ma bouche... comme un poignard. Je crois qu'il va faire éclater ma gorge, mon cou, ma poitrine. J'éprouve avec impuissance le désespoir, l'angoisse que ma vie bascule devant cette atroce souffrance qui s'ajoute à celle de mes brûlures. J'ai cette dernière et ultime pensée :

« Mon Dieu, je n'en peux plus. J'ai trop mal, qu'ils fassent donc de moi ce qu'ils veulent. Mon Dieu, pitié! »

Puis je me sens glisser vers un abîme, un trou noir qui m'aspire impitoyablement.

Ce livre est écrit par moi-même, avec mon cœur, avec ma façon de parler, avec mes larmes. Mais surtout avec un besoin profond de transmettre à ceux qui le liront l'envie folle de garder toujours l'espoir dans n'importe quelle épreuve, et d'être

« FERME DANS L'ESPOIR
CONTRE TOUT ESPOIR ».

Ces mots sublimes et qui font réfléchir sont ceux d'un ancien déporté à qui un prêtre les répétait tous les jours. Cet inconnu généreux me les a offerts aujourd'hui même, ce 26 juin 1989. Nous nous trouvons avec mon mari à trois cents kilomètres de Mulhouse, chez nos amis G.B. à Vonnas. Mes premiers progrès me permettent enfin de pouvoir profiter des plaisirs de cette nouvelle vie. Je désire tellement la croquer à pleines dents! Ces heures de bonheur donnent une tout autre valeur à ces premiers pas de liberté. Je les savoure d'une tout autre manière.

C'est merveilleux pour moi de pouvoir à nouveau vivre, avec mon mari, ces instants formidables autour d'une table superbe, *surtout lorsqu'on a tant souffert, tant lutté pour redevenir une femme.* D'être enfin présente dans le monde des bien portants me récompense de tant d'efforts douloureux! Hélas, je porte toujours mon demi-masque transparent sur le visage. Mes vêtements compressifs emprisonnent encore mon corps. Mais je peux à nouveau me sentir femme!

Aussi, je décide aujourd'hui un pari avec moi-même, celui de me retrouver en juin 1990 pour le deuxième anniversaire de ma nouvelle vie... au même endroit, avec Fernand et nos amis fidèles. Mais cette fois-ci, sans masque et sans vêtements compressifs.

À partir de cet instant, cette résolution restera gravée au fond de moi. Elle m'aidera à réaliser ce pari... que je veux gagner... et que je gagnerai!

Avec du recul, en pensant à tous ces longs et pénibles mois de lutte, je me demande comment mon corps et mon esprit ont fait pour supporter, accepter de telles souffrances physiques et psychiques. Ma chance, dans ce combat journalier, a été de croire en Dieu, d'être soutenue par la présence affectueuse d'un mari et de deux enfants, d'une famille, d'amis fidèles, et de faire confiance à la sophrologie.

C'est pourquoi, je déclare que sans l'appui de la sophrologie je n'aurais jamais découvert le côté positif de ma nouvelle vie ni fait connaissance avec mon « moi intérieur ». Par la relaxation, la méditation, la visualisation, je participe à ma guérison. Mon esprit est devenu fort, confiant, volontaire. Je suis entièrement convaincue que par lui, j'active mes progrès. Je sens parfaitement vibrer en moi cette force intérieure qui me guide.

Je peux crier au monde entier que sans ma foi, je n'y serais pas arrivée et n'y arriverais pas encore aujourd'hui. Oui, depuis le jour de mon accident d'avion, j'ai confié ma vie à Dieu et aux médecins. Car c'est bien Dieu qui a décidé du sort de nous tous. C'est-à-dire des cent trente-six personnes qui ont été sauvées lors de ce tragique crash. Nous pouvons tous proclamer que nous sommes des *miraculés*. Je pense avec beaucoup de tristesse à cette jeune femme, à ces deux malheureux enfants qui y ont laissé leur vie. Je souhaite de toutes mes forces que leurs familles parviennent à accepter cette grande et immense peine qui les a si cruellement frappées.

Dans mon tunnel, j'ai dû tout subir, sans jamais pouvoir me rebeller contre cette épreuve terrible...

Mais je peux affirmer que c'est grâce à la rencontre d'hommes et de femmes formidables dans le monde médical, qui surent toujours m'avouer la vérité avec des mots et des phrases simples, que j'ai persévéré. Sans leur franchise, leur dévouement, je n'aurais certes pas fait autant d'efforts pour progresser. Je leur dois beaucoup. Je leur en serai éternellement reconnaissante. Je leur ai toujours fait confiance. D'ailleurs, encore aujourd'hui, je suis en contact avec eux puisque la sortie de mon tunnel ne se fera que dans... des années. J'ai encore tant besoin de leur appui et de leur amitié pour endurer les nombreuses cures qui doivent assouplir ma peau brûlée et améliorer l'aspect de mes greffes.

Oui, je tiens à exprimer mes sentiments de gratitude les plus profonds à tous ces gens merveilleux croisés depuis le 26 juin 1988, qui surent, par un regard, un sourire, une parole, un geste, ranimer mon courage! Un grand, grand merci s'élance du fond de mon être envers toutes ces mains tendues. Elles font à présent partie des maillons de ce collier d'amitié, de tendresse que Dieu a placé autour de ma gorge pour me soutenir. Sans eux, je l'aurais depuis longtemps arraché de mon cou.

Je me sens tellement différente, tellement enrichie et si heureuse de vivre que je fais pleinement confiance à l'avenir.

26 juin 1989.

METZ

3

Ces sept semaines au Centre des brûlés de l'hôpital Notre-Dame-du-Bon-Secours à Metz, du 26 juin 1988 au 14 août 1988... jamais je ne pourrai les oublier.

Ce fut l'enfer... la découverte du monde inconnu des « brûlés ».

Je me réveillai après deux semaines de demi-conscience due à mes grandes souffrances, aux antibiotiques, aux perfusions et à mon infection. Car j'avais dû lutter les premiers jours contre le staphylocoque doré, un microbe virulent, dangereux pour les brûlés. De plus, ma fièvre très élevée donnait des inquiétudes à ma famille et à l'équipe médicale du docteur en chef, Michel M., assisté du docteur Jean-Pierre F., qui effectua pendant mon séjour toutes mes greffes.

Vers le 10 juillet, mes paupières s'entrouvrirent péniblement sur mon corps momifié, dans une chambre stérile surchauffée où j'avais l'affreuse sensation de brûler à l'intérieur et sur toute la surface de mon être. Je voulus bouger mon bras droit, avec affolement je le vis attaché sur un support à angle droit, comme crucifié. Ma tête me faisait horriblement mal et j'éprouvais la sensation atroce d'un gonflement inconnu. En remuant les lèvres, je sentis qu'elles se décollaient. Désorientée, je serrai les dents pour ne pas hurler mon désespoir, ma peine, car l'accident se manifesta instantanément à mon esprit. Mes souvenirs jaillirent en moi comme un éclair. Heureusement, une infirmière qui se trouvait là me calma. Doucement, elle m'expliqua ce qui avait été fait depuis mon arrivée au Centre des brûlés... déjà quatorze jours dont je ne gardais absolument aucune souvenance. Elle m'apprit que ma main, mon avant-bras, mon bras droit étaient déjà greffés, que l'on m'avait rendue chauve afin de prendre la deuxième couche de peau de mon crâne, que l'on avait effectué avec ces prélèvements les difficiles greffes de la partie droite de mon visage. Quel choc! Cette terrible et douloureuse sensation de brûlure sur ma face dans la forêt, en attendant les secours, était donc bien réelle. J'avais donc eu raison en disant à mon mari : « Fernand, mon visage me brûle! Fernand, je sens comme il me brûle! »

Effectivement, l'infirmière m'expliqua que le kérosène avait continué à travailler en profondeur. Quelle consternation pour moi! Je n'arrivais pas à me représenter mon visage touché. C'était tout simplement terrible et mon cœur se brisa de chagrin. Sans la présence de mon mari, de mon fils Pascal derrière la vitre de ma chambre stérile, je n'aurais pas accepté toutes ces révélations, plus dures les unes que les autres. J'étais effondrée, abasourdie par la vérité. Cette vérité qui, inflexible, coulait lentement dans mon esprit tel un torrent de lave brûlante, s'engouffrait dans mes veines, dans mon cœur blessé, dépourvue de toute pitié. Sans mes hommes, je serais devenue folle à cet instant où je réalisais vraiment la gravité de mes blessures.

L'accident avait provoqué essentiellement des brûlures du deuxième degré profond et du troisième degré sur l'ensemble de l'hémicorps droit, soit 25 % :

– la totalité du membre supérieur droit à l'exception des doigts;
– l'épaule droite;
– le quadrant supéro-externe du sein droit;
– l'hémiface droite et la région cervicale droite;
– la face postérieure et latérale du mollet droit, ainsi que la région du creux poplité;
– la région lombaire et la partie supérieure de la fesse droite.

Jour après jour, je me familiarisai avec les nouveaux mots que m'apprenaient le docteur Jean-Pierre F. et les infirmières. J'avais placé en eux toute ma confiance. Je m'accrochais à leurs yeux et à leurs paroles comme à une bouée de sauvetage. Car c'est tout ce que je connaissais d'eux à travers les masques stériles dont ils se protégeaient pendant les premières semaines. Leurs mots font à présent partie de mon vocabulaire : *greffes, prises de greffe, brides, chéloïdes, hypertrophies, vêtements compressifs, masque, minerve, rééducation, positionnement, cures, volonté, courage, patience*. Toujours ces mêmes mots qu'ils répétaient sans se lasser : « *Il vous faudra beaucoup de patience maintenant, encore et pour longtemps, il vous faudra patienter... mais, avec de la persévérance, vous y arriverez.* »

Peu à peu, s'engagea à Metz un autre « compte à rebours », différent celui-là, puisqu'il était commandé par « ma propre volonté ». On m'apprit à galvaniser toute mon énergie pour, selon une autre expression, « être dans le positif », afin d'orienter directement mes pensées vers la réussite de l'implantation de mes greffes. J'appris à me battre, à lutter contre le désespoir, à garder le moral. Ce moral était tellement important pour que mes greffes tiennent bon. Pour qu'il n'y ait pas de rejet. Nous n'avions que ces mots à la bouche... *Moral! Greffes! Moral! Greffes!* Chaque jour était un jour de gagné.

4

Avidement, au fil des jours, je ne quittais plus des yeux mon gros réveil noir, placé sur la télévision en face de mon lit. En priant que la minute, le quart, la demie, les trois quarts, l'heure passent. Car j'attendais avec une grande impatience les heures de visite accordées exceptionnellement de 17 heures à 19 h 45 par le docteur Jean-Pierre F. à mes « deux hommes », Fernand et Pascal. Il m'est impossible d'exprimer les sentiments profonds qui me dominaient pendant cette attente. Un courage prodigieux me stimulait à partir du moment merveilleux où apparaissait mon fils au seuil de ma chambre. Enfin... il était là!

Sa présence calme et affectueuse me rassurait, apaisait mes souffrances. Il me consolait en me parlant doucement. Avec l'accord du personnel soignant, il m'appliquait une pommade spéciale pour masser ma main et mon bras gauche brûlés au deuxième degré profond. Prudemment, il m'effleurait la peau. Ses doigts étaient doux, agréables pendant les massages et ma tension se relâchait peu à peu.

Les infirmières l'appréciaient. Elles admiraient sa gentillesse et son dévouement. Il est vrai que mon petit homme de dix-huit ans avait fait preuve d'un courage étonnant. Il avait passé l'oral de son bac le lendemain du « jour tragique » et il l'avait réussi avec mention. Incroyable, le cran qui l'avait animé pendant cet examen, sachant que l'après-midi il accompagnerait son père à Metz pour le soutenir dans cette terrible épreuve! Il resta dans le couloir de visite, debout et assis, pendant les six semaines de mon séjour dans le service des grands brûlés. Tous les jours de 8 h 30 à 12 heures et de 14 heures à 20 heures, derrière la vitre de ma chambre. Quel sentiment éprouvait-il en voyant souffrir sa mère et en essayant d'épauler celui qui souffrait moralement un autre enfer, celui qui luttait contre un autre désespoir? Son père...

Quelle preuve d'amour de rester ainsi auprès de nous, alors que tous ses copains passaient des vacances joyeuses! Il avait annulé tous ses projets, dont celui d'effectuer un stage à Ulm en Allemagne du 1er au 31 juillet 1988, organisé depuis longtemps, stage important pour ses futures études commerciales. Quelle tristesse pour moi de penser à tous ses sacrifices! Mais combien sa présence a été précieuse pour son père et pour moi! Il m'a aidée dans mon combat journalier en me donnant l'envie de me battre pour lui, pour Séverine, ma fille, qui me manquait tellement. Grâce à sa présence, je persévérais courageusement pour lui montrer ma bonne volonté en attendant que me rejoigne son père. Une heure après, c'était constamment le même déchirement pour mon cœur de mère, de le voir me quitter, les épaules voûtées, le regard brillant et mouillé à la fois. Il revenait toujours sur ses pas, pour m'adresser un dernier signe de la main :

« À demain, ma petite maman, tiens bon. Papa va arriver, sois brave. Je t'aime. À demain. »

Impensables, tous ces moments difficiles à endurer. Ce n'était pas toujours facile de ne pas se rebeller contre la fatalité.

Heureusement, une dizaine de minutes plus tard, entrait enfin celui qui souffrait moralement de cette épreuve depuis le 26 juin 1988, mon Fernand chéri. Ses yeux me couvraient d'une tendresse infinie, d'une incroyable douceur. Chaque soir je m'assoupissais sous ses immenses brassées d'affection, remplie d'énergie. J'aspirais ces rayons qui filtraient à travers mon corps comme une fusion, comme un calmant, un fortifiant. Une volonté farouche vibrait en mon esprit. Grâce à sa présence chaque soir durant six semaines et à celle, derrière la vitre stérile de ma chambre, de Pascal, une force inouïe passait entre nous et me donnait une vigueur inhabituelle pour résister, pour eux, pour notre avenir, pour moi! « Cette énergie sublime qui fait faire les choses extraordinaires » – comme le dit Stendhal – me permettait d'avancer dans mon pénible tunnel.

Aussi, résolument, tout en essayant de ne pas trop me plaindre, je le regardais affectueusement se déplacer dans ma chambre pour régler le ventilateur et la petite « clima » installée avec l'accord du service des brûlés pour abaisser les 31 degrés de ma chambre à 29 degrés.

Il me faisait tous les soirs manger en m'encourageant car je n'avais aucun appétit; une sonde nasale me fournissait en effet 4 000 calories vingt-quatre heures sur vingt-quatre. Il me donnait énormément à boire pour éviter la déshydratation, *le grand danger pour les brûlés.* Une autre sonde, urinaire, permettait aux infirmières de contrôler si je buvais régulièrement. Quelle sensation désagréable devant ces contraintes intimes provoquées par l'obligation de rester couchée pendant des semaines. Plus de place pour la pudeur... On doit l'oublier, d'ailleurs on l'oublie. Pour occuper mon esprit, Fernand me faisait regarder la télévision, cela me fatiguait. En plus, la vue de corps dénudés bronzant au bord de la mer me faisait très mal. Je savais déjà que tout cela m'était interdit. Je ne disais rien. L'essentiel, c'était qu'il oublie un peu lui aussi.

Le plus important pour moi, c'était de savoir sa main posée à côté de la mienne. Je ne la supportais pas sur moi car j'étais continuellement en sueur à cause de ma grande faiblesse et de mes constantes souffrances. Mais grâce à sa bénéfique présence, j'essayais de somnoler un peu pour reprendre des forces. Sans cesse, au fond de moi, je remerciais Dieu de m'avoir donné un pareil compagnon, et je me répétais silencieusement : « *Unis pour le meilleur et pour le pire, nous sommes en train de vivre le pire...* »

Je sentis grandir au fond de moi un nouveau sentiment envers mon mari : il devenait pour moi un refuge et une nouvelle harmonie nous enveloppait. Oui, c'était aussi celui d'une grande admiration devant son courage, sa patience, sa volonté de me soutenir par son affection et sa bonté. Sa façon formidable à lui de me donner une preuve d'amour, puisqu'il ne s'occupait, ne vivait plus que pour moi. Son métier, son magasin passaient au second plan. Alors que jamais, oh! jamais, il n'avait laissé son magasin seul, même pour une demi-journée! Vraiment, il ne pouvait me donner plus grande marque de son amour après vingt-deux ans de mariage.

Vers 19 h 45, avant de me quitter, il pliait mon drap de telle façon que je pouvais l'attirer vers moi avec mon pied gauche valide. Il changeait l'eau de ma cruche, mouillait une chiffonnette qui servait à me rafraîchir les mains, rangeait mes mouchoirs en papier, plaçait tout à la portée de ma main gauche sur la tablette. Il réglait toujours le ventilateur à la bonne hauteur pour que l'air ne touche pas mon corps constamment en sueur. Puis la climatisation était réglée jusqu'au lendemain matin, ainsi que la télévision qui devait occuper mon esprit! Tous ces gestes étaient devenus au bout de quatre semaines un vrai rituel, si précieux, si riche pour nous deux. Un accord profond unissait nos regards parlant pour nos lèvres. Vraiment, il était merveilleux de patience. Avec quelle résignation avait-il lui aussi passé toutes ces semaines d'attente dans ce couloir de visite, surchauffé par le soleil des mois de juillet et août 1988!

Aussi, en voyant les aiguilles de mon gros réveil annoncer l'heure de notre séparation, une éprouvante sensation d'abandon, de désordre, s'emparait de moi. Je m'efforçais de retenir mon désespoir, mon chagrin de le voir me quitter! Mais à la même phrase qu'il me disait chaque soir, d'une voix chaleureuse et émue, mes yeux se remplissaient de larmes :

« À demain, Gerda. Sois courageuse, tes enfants et moi avons tant besoin de toi. Nous t'aimons. Tu verras, nous gagnerons, puisque nous sommes deux. Fernand est là! Tu n'es pas seule! Au revoir, ma chérie, essaye de dormir, à demain... Je t'aime. »

Ce n'est qu'à son dernier signe de main que mes larmes retenues à grand-peine s'échappaient de mes yeux. C'étaient des larmes amères, presque des larmes de sang. Car mon cœur se brisait chaque soir à son départ. La solitude et la peur grandissaient en moi devant la longue nuit qui me happait sans pitié. Chaque soir à la même heure, je me posais les mêmes questions : aurai-je encore des cauchemars de cet accident comme dans la journée? Vais-je encore hurler de peur? de douleur? Quelle équipe d'infirmières sera de garde pour la nuit? Me laisseront-elles la porte ouverte?

5

Mon Dieu, mes nuits sans sommeil, affreusement longues ! Ma lutte solitaire avec mes souffrances de brûlée ! Mon appréhension à l'idée de découvrir mon visage greffé. Mes inquiétudes du lendemain : les anesthésies, les bains tous les deux jours. Mes monologues avec Dieu, avec Marie, sa mère, à qui j'adressais mes prières, mes implorations. Je plaçais en eux ma confiance totale, tous mes espoirs. Je priais, je suppliais, je promettais, je demandais la force pour garder le moral et le courage pour m'adapter. Il m'en fallait tellement pour admettre que mon visage pouvait être défiguré !

Cette hantise était atroce ! Car pour une femme, c'est affreux de se savoir *touchée au visage,* et le mien était brûlé du côté droit. Il fallait attendre, patienter pour qu'arrive enfin le jour où on me laisserait celui-ci sans bandage. J'étais obsédée par la future image que refléterait le miroir de la salle de bains de ma chambre stérile. J'appréhendais ce moment. Je l'espérais pourtant avec tellement de conviction et de confiance. Malgré moi, je ne renonçais pas et toutes ces heures de prières m'inondaient l'esprit d'une vigueur qui n'avait pas cessé d'animer mon âme. Dans la chaleur oppressante de ma chambre, sans air, sans fenêtre, la porte souvent fermée, je me sentais prisonnière, comme dans la carlingue de l'avion au moment du crash. L'idée d'avoir vu la mort en face me poursuivait jour et nuit. Le visage torturé de mon mari en me voyant flamber et criant sans arrêt : « Tu l'avais dit, tu l'avais dit, tu l'avais dit... » m'apparaissait continuellement.

Jamais je ne pourrai oublier ces minutes où nous luttions avec cette incroyable force de survie pour nous échapper de l'Airbus.

Le hurlement des passagers, leur affolement, et l'odeur du kérosène qui flottait encore dans mes narines.

Impuissante devant toutes ces visions, les infirmières accouraient à mes hurlements pour me calmer, pour me ramener à la réalité, au moment présent, non moins facile à supporter. Un vrai chemin de croix, sur lequel j'avançais résignée, avec toute la volonté que me donnait l'amour de mes deux hommes. Je leur dois, ainsi qu'à ma foi, cette rage de vivre qui m'a sauvée de la désespérance, du découragement, de la folie.

Toutes ces larmes versées seule la nuit pour ma famille, pour mon bonheur bouleversé par cet accident stupide. Perdue dans mes souffrances, accablée par mes souvenirs, j'éprouvais, malgré mon courage, un chagrin immense, intense de n'être plus une femme, mais rien qu'un corps meurtri d'où s'échappaient continuellement une odeur insupportable. Une odeur de pourriture! Car le pus et le sang de mes greffes, de mes prises de greffes, suppuraient constamment. Les plaies de ma cuisse droite dont la peau avait servi pour faire les greffes me faisaient terriblement souffrir par des tiraillements et des élancements violents.

Avec amertume, je vivais tous les deux jours dans l'attente hallucinante des bains effectués après anesthésie générale, appelés « bains avec anesthésie » (seize au total en un mois). Je redoutais le douloureux, pénible et long réveil qui suivait, je craignais de ne plus retrouver ma petite sonnette, suspendue au-dessus de mon lit. Cette sonnette représentait pour moi le premier et le seul contact direct avec les infirmières. Laquelle m'enlèverait le masque à oxygène qui m'étouffait à mon réveil? Laquelle déciderait du moment précis où on pourrait me retirer la perfusion (de ma main gauche) reliée aux bouteilles de glucose qui se vidaient goutte à goutte? Vague et confuse sensation de me réveiller chaque fois plus couverte de pansements... avec toujours de nouvelles douleurs.

Mon Dieu, quel calvaire! Je n'attendais que le moment où je retrouvais les visages de mes deux hommes... Une fois par semaine, ils prenaient le train du soir de 19 h 50 pour arriver à Mulhouse à 22 h 20, dans la nuit. Cela afin de garder contact avec le magasin et d'emporter du linge pour leur séjour à Metz. Également pour rassurer mamie qui s'occupait fidèlement de notre maison avec notre jeune et dévoué employé Larbi. Quels soucis pour une grand-mère de soixante-quinze ans! Elle aussi a vécu une dure épreuve. Elle aussi a beaucoup pleuré. Mamie a été admirable de courage et de bonne volonté. Je ne la remercierai jamais assez de tout son dévouement envers Fernand, ses petits-enfants et envers moi, sa belle-fille.

Les journées passèrent ainsi, lentes et douloureuses, avec aussi des victoires puisque mes premières greffes avaient toutes réussi. Nous étions si heureux de ces petites lueurs d'espoir! Notre volonté de vaincre était inébranlable car nous formions, mon mari, mon fils et moi, un trio dur comme fer.

6

À la fin du mois de juillet et jusqu'au 14 août 1988, je fis une autre découverte, vécus une nouvelle épreuve ! On ne me faisait plus de bains « avec anesthésie », mais des bains « sans anesthésie ». Toujours tous les deux jours. Mes états d'âme à ces moments-là ? Difficilement exprimables. La souffrance paralysait mon esprit ! Je priais, je suppliais Dieu qu'il me soutienne, qu'il m'aide à « tenir le coup », à ne pas craquer. Car j'allais enfin découvrir mon corps et mes plaies. Bouleversantes révélations. Mon premier bain sans anesthésie ! Je m'en souviens comme si c'était hier.

À 9 h 30 du matin, Maryse et Désirée déplacèrent mon lit en un tour de main dans un long couloir inconnu. Je sentis pour la première fois un courant d'air m'apporter un immense bien-être. Quelques minutes plus tard, je me retrouvai dans une immense pièce blanche, encadrée de nombreuses armoires remplies de pansements divers. Au milieu trônait la fameuse baignoire métallique. J'en avais tellement entendu parler qu'elle me parut familière. On me glissa avec précaution sur un grand plateau fait de lamelles caoutchoutées. J'étais pétrifiée ! Puis elles découpèrent mes gros pansements.

Maryse pressa sur un levier pour actionner le plateau qui, automatiquement, se déplaça au-dessus de la baignoire. Doucement, celui-ci s'enfonça dans une eau tiède mélangée à un désinfectant. Mon corps fut entièrement immergé. Le contact de cette eau me secoua de frissons. Elle imbiba mes pansements et mes compresses. En même temps, un sac en plastique fut fixé contre la paroi de la baignoire. Désirée m'expliqua :

« Gerda, vous bougerez le pied et le bras. Vous verrez, dans l'eau ce sera plus facile. Quand vous sentirez vos pansements bien mouillés, vous tâcherez de les enlever. Ce sac servira à les recueillir. »

Je n'en crus pas mes oreilles. Je devais donc les ôter moi-même ! Mon cœur battait avec affolement en les entendant s'éloigner de moi.

« Nous sommes dans la pièce à côté, vous nous appellerez quand vous aurez fini... Prenez tout votre temps ! »

Je me trouvais donc seule devant cette épouvante, qui grandissait au fond de moi. Prudemment, je bougeai un à un mes membres blessés. Peu à peu se détacha une bande, puis une autre, pour laisser place aux compresses collant encore aux plaies. Avec précaution, mais avec d'infinies douleurs, je parvins à tout enlever.

Avec stupeur et effroi, je vis pour la première fois mon pauvre corps meurtri. Je sanglotai sans retenue. De grosses larmes coulaient silencieusement sur mes joues dans l'eau ensanglantée de la baignoire. Mon pied, qui n'était pas encore greffé, était méconnaissable, horrible à voir.

Ma main et mon avant-bras m'apparurent étrangers avec leur nouvelle peau qui ressemblait à du cuir tanné d'une couleur et une odeur répugnantes. Je n'osai regarder davantage mes plaies saignantes et, en serrant les dents, j'achevai de décoller les compresses qui restaient accrochées à mon épaule, en haut de ma poitrine. Enfin, après ces efforts surhumains, écœurée, épuisée, j'appelai les infirmières d'une voix inerte.

Elles furent très contentes de mon travail. Les yeux pleins de sympathie, elles actionnèrent le plateau qui s'éleva au-dessus de la baignoire.

« Vous avez bien travaillé. Vous êtes très brave, c'est bien ! »

Puis Maryse me doucha, lava et nettoya les plaies avec un autre désinfectant pour les couvrir ensuite avec des compresses stériles et du tulle gras. Les gros pansements couvrirent le tout et me revoilà transformée en momie.

Je luttais de toutes mes forces pour ne pas lui montrer mon désarroi, mon chagrin et ma peur devant cette nouvelle découverte des *bains sans anesthésie*, ces bains qu'on me ferait dorénavant tous les deux jours.

Mais les autres fois, ce furent les infirmières qui se chargèrent d'enlever, de décoller et d'arracher mes pansements. Je compris plus tard la raison pour laquelle on m'avait laissé faire le premier bain toute seule. C'était pour réaliser que, si elles étaient parfois un peu brutales en arrachant mes compresses, c'est qu'elles ne pouvaient pas faire autrement : moi-même je m'étais fait souffrir, malgré toutes mes précautions. Ce fut ma première leçon en psychologie, cette fameuse science qui a sauvé mon esprit.

Oui, j'affirme encore une fois que sans la présence de mes deux hommes, devant ma fenêtre fleurie d'innombrables bouquets d'amitié après mes bains, je n'aurais pas supporté avec autant de courage mes nouvelles souffrances de brûlée. Il est vrai que, jour après jour, j'apprenais à souffrir en silence. Dans un hôpital, on découvre la patience, l'humilité, la tolérance et, lorsqu'on a la foi... eh bien, l'on s'y accroche avec ferveur.

7

Vers la fin de la quatrième semaine, on me fit lever une heure le matin pour m'habituer à m'asseoir, deux heures l'après-midi pour m'apprendre à faire quelques pas, afin d'éviter les phlébites. Grâce à un support métallique placé devant moi, je gardais, avec l'aide d'une infirmière, mon équilibre. Ce n'était pas évident, vu ma grande faiblesse, et je n'avais qu'une hâte : me recoucher. Avec dévouement et gentillesse, les infirmières m'épaulaient de leurs encouragements dans cette « longue et pénible traversée du désert ». Françoise, Mme Valentin, Claude, Maryse, Désirée, Bernadette, Murielle, Chantal, Patricia, Marie-Thérèse, Sylvie m'apportaient beaucoup de tendresse; je m'attachais à elles...

Pascal, le kinésithérapeute, m'expliqua à partir de ce moment-là l'importance de la rééducation. Il la pratiquait d'ailleurs déjà depuis la deuxième semaine de mon arrivée, lors de mes bains avec anesthésie générale. Je comprenais maintenant clairement pourquoi mon épaule et mon bras me faisaient toujours tellement mal au réveil de mes bains avec anesthésie. En effet, la rééducation devait provoquer de nouvelles douleurs. Elle était pourtant nécessaire si je voulais retrouver le plus rapidement possible l'usage de mes articulations, figées par les brides et les greffes. Des brides semblables à des courroies fixées sur la peau s'étaient formées sous l'aisselle, sous le genou et sur l'avant-bras. J'étais donc paralysée par ma nouvelle peau. C'est avec désespoir que je réalisai l'immensité du travail qui me restait à faire pour retrouver l'usage de mes doigts, de ma main, du poignet, du coude, du bras, de l'épaule, du pied, du genou... bref, de tout mon côté droit.

Au cou s'était également présentée une autre bande de tissu

conjonctif qui m'empêchait de tourner la tête du côté gauche. C'étaient des découvertes atroces. Les cicatrices rétractiles diminuaient l'extensibilité de la peau. Elles empêchaient la mobilité de mes articulations. Les conséquences fonctionnelles étaient immédiates. Il fallait donc effectuer des positionnements le plus tôt possible pour éviter toute rétraction. Ma peau greffée était devenue aussi dure et épaisse que du cuir. On me fit comprendre l'importance de ma bataille en rééducation si je voulais un jour vivre le plus normalement possible, comme avant l'accident.

Françoise, l'infirmière en chef, parlait de compressions, de masque pour le visage, de minerve pour le cou, de l'efficacité de ces compressions sur mes hypertrophies et sur ma peau greffée. J'écoutais en tremblant d'angoisse à l'idée de ces contraintes et futurs combats qui ne faisaient que commencer. Par moments, j'avais du mal à retenir mes larmes, mais il fallait à tout prix lutter contre le découragement. J'essayais de faire face à toutes ces révélations en priant avec ferveur afin d'accepter toutes les épreuves qui m'attendaient.

Pascal, le « kiné », m'apprit certains mouvements ô combien douloureux ! Il contrôlait sérieusement mes efforts, tous les matins sans répit, sauf le dimanche. Grâce à lui, grâce à la peur du mal qu'il était obligé de me faire, je m'exerçais la nuit, pendant mes longues heures d'insomnie, à bouger mes doigts les uns après les autres. Oui ! je lui dois beaucoup. Sans lui, sans la peur de la souffrance qu'il m'inspirait involontairement, je n'aurais pas fait autant de progrès en si peu de temps. Je devais absolument lui obéir, m'appliquer et subir ma rééducation puisque je voulais vaincre mes brides, mes hypertrophies et mes chéloïdes. C'était à moi de décider, dès le début, de ma défaite ou de ma victoire !

Ces premiers progrès en rééducation furent stoppés par mes greffes du pied, du mollet, de l'épaule et du haut de la poitrine. Il me fallut à nouveau rester couchée cinq jours durant, sans bouger, sans me lever. Cette contrainte était nécessaire pour le succès de mes greffes. Pour moi qui m'étais déjà habituée à me lever un peu tous les jours, ce fut très dur de faire marche arrière. Ces cinq jours me semblèrent une éternité. Jamais les photos du *petit album réalisé la veille de notre accident d'avion* ne me parurent plus stimulantes. Jamais les bouquets de fleurs envoyés par mes proches, mes amis, ne m'apparurent aussi réconfortants devant la grande vitre. Leur présence me comblait d'amitié et d'affection pendant cette longue attente. Il fallait tenir bon et pour rien au monde je n'aurais bougé.

Le plus traumatisant restait tout de même les besoins naturels qui, eux, se présentaient tous les jours à toutes les heures. Lorsque les infirmières me soulevaient, me soignaient, changeaient mes draps et mes alèses souillés, je les suppliais de ne pas trop me déplacer. En attendant, je priais et j'offrais mes souffrances pour le succès de l'opération. J'étais vraiment perturbée par cette épreuve qui me soudait encore plus à mes hommes.

Au matin du cinquième jour, le moment crucial s'annonça. L'impatience et l'ardeur avec lesquelles j'attendais ce bain étaient telles qu'elles se transformèrent en folle inquiétude au moment où je quittai des yeux mes hommes pour rejoindre la salle d'opération. Plus tard, à mon réveil, l'éclat de voix joyeux du docteur Jean-Pierre F. me rassura par des paroles encourageantes :

« Vos greffes sont belles, elles tiennent bon, pas d'inquiétude. Elles sont réussies. Je suis content de vous, Gerda, vous avez été très sage. »

Plus belles déclarations et plus beaux compliments ne pouvaient me faire davantage plaisir. J'avais envie de crier de joie, de soulagement. Des larmes de bonheur mouillaient les pansements toujours présents autour de mon visage tandis que Fernand et Pascal éclataient de joie devant la réussite de mes greffes. À leur enthousiasme se joignait notre ami Alain qui profitait de ses voyages réguliers à Metz pour me rendre visite tous les mardis. Mais il fallait retenir notre joie, étant donné que d'autres événements me guettaient : en effet, les démangeaisons atroces de mes prises de greffes sur ma cuisse droite ainsi que les picotements s'intensifièrent de jour en jour. Par moments, je ne savais plus comment faire pour supporter toutes ces souffrances qui s'accumulaient. Sans les calmants, je serais restée désorientée, presque agressive. D'autant que les infirmières m'avaient rigoureusement défendu de me gratter afin d'éviter de nouvelles plaies et lésions. Cela n'était pas facile. Vraiment, on ne peut s'imaginer l'enfer que vivent les brûlés pendant leur séjour dans les chambres stériles. J'apprenais à affronter chaque jour de nouvelles étapes et je n'étais qu'au début du long chemin qu'il me restait encore à parcourir.

Oui! Être brûlée est vraiment un calvaire. Il faut une extrême volonté pour avancer sur ce dur chemin de croix quotidien. Comme j'ai été touchée et brûlée par le feu, je ne peux parler que de la souffrance des brûlés. Mais je n'oublie pas que pour chaque épreuve qui touche un jour un être physiquement ou psychiquement, il faut garder l'espoir ainsi qu'une volonté guidée par la confiance et la foi. Ces forces peuvent aider à réaliser des progrès étonnants.

8

Le lendemain, ô surprise! une compagne de chambre me fut annoncée pour la fin de l'après-midi. Les infirmières allaient et venaient nerveusement pour préparer son installation. Cette nouvelle inattendue et pourtant un jour prévisible me désespéra : je savais que mes hommes n'auraient, hélas, plus le droit de pénétrer dans ma chambre.

Raphaëlle arriva donc en fin d'après-midi, la cinquième semaine de mon séjour au Centre des brûlés. Les flammes d'un barbecue l'avaient touchée au visage, aux bras et sur la poitrine au deuxième degré. Son mari, Patrick, plus grièvement blessé, était couché dans la chambre voisine. Elle était affolée par les souffrances de son compagnon et les siennes.

Cette arrivée me fit prendre conscience qu'il existait d'autres détresses. Je réalisai que mon mari aurait très bien pu être brûlé lui aussi! Je me rendis compte ce jour-là combien nous avions eu de la chance dans notre malheur. *Il y avait pire et cela aurait pu très bien être pire!*

La gentillesse et la serviabilité de ma première camarade de chambre m'aidèrent à surmonter l'absence de mes hommes. Elle remplaça mon mari en me donnant à boire, en m'aidant à manger, en s'occupant de moi, en me stimulant par son courage à elle. Elle s'arrangea pour qu'un soir sur deux, mon mari puisse tout de même me rendre visite pendant qu'elle restait auprès de son compagnon. Elle était formidable. On s'encourageait mutuellement avec nos plaintes mais aussi avec nos sourires. Oui, nous arrivions à sourire de nos gémissements! Ses « ouille, ouille, ouille » et mes « aïe, aïe, aïe » formaient un duo comique. On s'imaginait enregistrer nos gémissements. Disque qui aurait eu beaucoup de succès! Nous passâmes donc ces cinquième et sixième semaines à nous épauler l'une l'autre. Nous partagions nos souffrances et nos espoirs. Nous nous réconfortions chaque jour en attendant nos bains, nos soins et notre pénible rééducation. Peu à peu, s'installa entre mes hommes, cette jeune femme et moi-même une chaleureuse amitié qui atténua un peu la solitude de ma chambre stérile, tellement impersonnelle et triste.

Au cours de la sixième semaine, on me supprima enfin la sonde gastrique qui m'apportait jour et nuit 4 000 calories. Je devais absolument m'alimenter copieusement pour compenser cet arrêt. Quel soulagement cependant de n'avoir plus ce tuyau en plastique qui s'enfonçait dans ma narine gauche jusqu'à l'estomac! C'était une contrainte tellement désagréable et douloureuse! À partir de ce jour, je dus manger un steak tous les soirs, entre 22 heures et 23 heures. Ce repas tardif était très important en raison de son apport calorifique en protéines, utiles pour une cicatrisation normale de la peau. Les antibiotiques furent également supprimés. Quel allègement dans mes soins! Je pus à nouveau me lever le matin, faire un peu de toilette et marcher à l'aide d'un support. Je tournais péniblement autour de mon lit et Raphaëlle me surnomma la « Bugatti », car je me comparais toujours au moteur d'une vieille voiture de collection... qui avait du mal à démarrer.

Ce furent mes premiers pas vers une lente amélioration. Je domptais toute mon énergie vers l'avenir... cet avenir inconnu et pourtant plein d'espoir.

9

L'infirmière-chef, qui m'avait placée sous sa tutelle, m'annonça un beau matin qu'il fallait envisager un séjour dans un centre de rééducation. Je retins mon souffle et écoutai ses paroles qui se bousculaient dans mon esprit. Je lui demandai timidement :

« Aller dans un centre de rééducation ? Je ne peux donc pas encore rentrer chez moi ?

– Non, Gerda ! Il faudra d'abord aller à Sainte-Foy-l'Argentière, un centre spécialisé pour les brûlés. J'ai déjà fait la demande d'un lit et j'attends une réponse pour la semaine prochaine. »

J'étais au bord des larmes.

Je dissimulai avec peine ma surprise et ma déception : mon cœur battait follement. Moi qui faisais déjà des projets de retour ! Consternée par cette décision, je restai engourdie, l'émotion serrait ma gorge. Heureusement, les visages souriants de mon mari et de mon fils apparurent à ce moment-là derrière la vitre de ma chambre stérile. Leur joie fut stoppée par mes sanglots et le flot de mes explications. Nous étions tous les trois bouleversés par cette nouvelle épreuve. Jamais, malgré toutes les fleurs qui la décoraient, cette vitre ne nous sembla plus hostile et plus inhumaine. Mon mari me consola. Il me raisonna et me parla avec philosophie pour m'aider à admettre cette décision. J'avalai péniblement mes larmes et essayai de comprendre l'importance de cette nouvelle étape, nécessaire pour mon avenir. Avec courage, j'appelai à mon secours toutes mes ressources de foi et d'énergie.

L'après-midi fut pénible et interminable. Je devais lutter contre mes pensées qui vagabondaient dans tous les sens. De plus, je voulais cacher à mes hommes le désespoir qui happait mes forces. Car le plus dur était de savoir que pendant des semaines encore, je ne pourrais pas serrer sur mon cœur Séverine ma fille de onze ans, qui commençait à me manquer cruellement. Quel déchirement pour mon cœur de mère! Heureusement, Claudine et Dany, des amis fidèles, veillaient sur elle. Séverine se trouvait avec eux en vacances à La Grande-Motte pour tout le mois de juillet. Claudine organisa également son séjour dans un centre de vacances de Neuville-sur-Saône où sa fille était déjà inscrite pour le mois d'août. Séverine serait donc avec d'autres enfants et Claudine me persuada que c'était pour elle la meilleure solution.

10

Le jeudi 4 août, Mme Valentin, une brave aide-soignante que j'aimais beaucoup, me confia discrètement que je pourrais bientôt quitter ma chambre. Effectivement, pendant mon bain sans anesthésie, Françoise m'accorda la possibilité de sortir dans le parc, l'après-midi, après l'entrevue avec les gendarmes de Mulhouse venus pour ma déposition. Cette nouvelle me fit balbutier des mots de joie :

« Ce n'est pas possible, c'est vrai ? Je peux aller dans le parc ? »

Malgré mes souffrances provoquées par l'arrachement des pansements dans la baignoire, j'éclatais de joie. Mes larmes de bonheur et de douleur se mélangeaient. Je n'osais trop me réjouir et mes idées s'embrouillaient quand Françoise continua :

« Ce n'est pas fini, aujourd'hui c'est le jour des surprises. J'en ai encore une autre à vous annoncer ! »

Mon sang tapa fortement contre mes tempes et gicla dans mes veines pendant qu'elle me débarrassait la tête de mes bandages.

« On va vous laisser le visage et la tête sans pansement ! »

Je n'en crus pas mes oreilles. Une tumultueuse émotion étreignit mon cœur prêt à exploser. J'allais enfin voir, enfin découvrir mon visage avec ses greffes ! Mais ma joie se transforma subitement en une sorte d'inquiétude et d'angoisse qui me fit sursauter. Ma tête bourdonnait et instantanément je priai en attendant ce grand moment. Jamais bain ne me parut aussi long et aussi pénible.

À nouveau enrubannée de bandages frais, Françoise m'aida à quitter la salle de soins. Nous nous dirigeâmes dans le couloir. J'avançai péniblement vers ma chambre, jusqu'à la salle de bains. Une fois devant la porte, je restai figée. Hésitante, les paupières tremblantes, j'avançai en vacillant sur mes pieds. Serrant de toutes mes forces le rebord du lavabo, je levai lentement ma tête, alourdie par l'émotion. D'un réflexe courageux, j'ouvris les yeux tout grands. Un violent trouble me gifla en pleine figure. Jamais je n'oublierai l'image impitoyable que me renvoya ce miroir.

Ce n'était plus moi! C'était un autre visage! C'était une autre femme affreusement pâle qui, les traits tirés, les yeux cernés, le crâne rasé sur lequel j'apercevais nettement plusieurs bandes rougeâtres légèrement croûtées de sang coagulé, me regardait d'un air affolé et inconnu! Les deux oreilles se décollaient bizarrement de cette tête dépouillée. La droite était encore très gonflée par les brûlures et les greffes. Sur le haut du front et sur toute la surface de la face droite, je distinguai d'épaisses plaques rouges, recouvertes de pus et de sang durci, les greffes sans aucun doute! Mes beaux cils avaient disparu. Mes sourcils repoussaient rebelles dans tous les sens. Une épaisse croûte noirâtre recouvrait la partie droite de mon nez. Mes lèvres se dédoublaient à cause des brûlures et de la fièvre des premiers jours. J'étais méconnaissable. Avec mon crâne chauve, je ressemblais plus à une détenue. Ébranlée dans les fondements les plus profonds de mon être, je poussai un cri douloureux qui réveilla Raphaëlle.

« Qu'est-ce qui t'arrive? Gerda, tu ne te sens pas bien? »

Avec détresse, courageusement, je refoulai les sanglots qui secouaient ma poitrine. Mes larmes jaillirent, amères, brûlantes. Traumatisée par cette découverte, je sentis glisser en moi un malaise terrible. Inoubliables secondes de lutte intérieure. La voix de Raphaëlle me rappela à la vie. Je lui répondis d'une voix cassée :

« Ce n'est rien... sauf que je viens de faire la connaissance de mon nouveau visage... »

Avançant difficilement vers mon lit, je m'y allongeai, épuisée. Mon corps tout entier frissonnait. Je le sentais secoué par des contractions involontaires.

« Ma pauvre Gerda », murmura ma compagne de chambre, impuissante devant mon abattement.

Chantal, une infirmière, entra à ce moment-là. Voyant mon agitation, elle me rassura gentiment en réajustant mon oreiller :

« Ne vous découragez pas! Avec le temps, les greffes de votre visage vont s'aplatir, s'éclaircir. Vos plaies cicatriseront. Vos cheveux, vos cils, vous verrez, ils repousseront, même plus épais qu'avant. Il vous faut seulement beaucoup de patience, énormément de patience, et vous dire qu'avec le temps tout s'arrangera ! »

Sa voix me parut lointaine. Au fond de mon esprit, je ne pouvais accepter ses paroles de réconfort. Je devais subir, moi ! Je ne comprenais pas à ce moment-là ses encouragements pourtant véridiques. L'avenir me les confirmerait.

Aux brûlés, il faut une telle patience ! Chaque jour, ils l'affrontent avec tant de mal, tant de difficultés... Les progrès sont si lents... Ils doivent fournir d'incroyables efforts et persévérer dans leur tunnel sans jamais baisser les bras. Sinon tout est à recommencer.

De toutes mes forces, je priai pour retrouver mon équilibre. Peu à peu, en approfondissant mes pensées embrouillées, je m'apaisai. L'heure du repas me permit de reprendre des forces. Étant toujours obligée de manger avec la main gauche, Raphaëlle m'assista. Elle me força à avaler quelques bouchées. Cette fois, elle tricha même un peu en vidant mes plats. Comme elle avait un gros appétit, son plateau se vidait toujours le premier. Vraiment, elle fut merveilleuse de complicité. Mme Valentin nous félicita de notre appétit en emportant ce jour-là deux plateaux vides.

Vers 14 heures, tout joyeux, arrivèrent mes deux hommes. En apercevant ma tête sans bandage, leur regard si doux d'habitude se couvrit immédiatement d'un voile de tristesse. Oubliant leurs visages abattus et mon physique, je leur annonçai en criant avec émotion :

« Je peux sortir dans le parc de l'hôpital. Attendez-moi dans la pièce des visites. Après ma déposition aux gendarmes de Mulhouse, je pourrai sortir. »

Jamais la couleur de leurs pupilles ne me parut plus belle. Une étincelle de lumière les habitait. Sans plus attendre, ils disparurent... pour revenir sur leurs pas, leurs visages rayonnant de bonheur :

« C'est bien vrai, tu peux sortir ? » s'exclamaient-ils l'un après l'autre.

Voir leurs visages si radieux était merveilleux pour mon cœur qui battait à l'unisson des leurs.

« Alors vite, viens ! »

Leur allégresse me donnait des forces nouvelles. Malgré mes difficultés pour me déplacer, je marchai bravement vers le couloir. Raphaëlle me soutenait de sa voix chaleureuse :

« Bonne chance, Gerda, tu me raconteras ce soir. Courage, tu y arriveras. »

J'appelai discrètement Françoise pour qu'elle me guide vers la pièce des visites. Les deux gendarmes m'y attendaient déjà avec un sourire bienveillant plein d'humanité, encadrés par mes deux hommes. Une demi-heure après, Françoise réapparut :

« Tenez, Gerda, voilà votre petit bonnet de protection pour la promenade. Soyez prudente, ne vous fatiguez pas trop pour la première fois. Surtout, ne restez jamais au soleil. Évitez-le comme la peste ! »

Elle enfonça sur mon crâne dénudé et blessé une sorte de bonnet de nuit en coton beige, serré par un simple nœud. Je ne pensais plus du tout à mon apparence. Je n'avais qu'une hâte, embrasser mon cher mari et serrer dans mes bras mon fils puisqu'ils ne pouvaient plus me visiter dans ma chambre stérile. Françoise participa à l'extraordinaire moment où mes hommes me prirent enfin chacun par la main. Bras dessus, bras dessous, nos yeux étincelaient de joie autant que ceux de l'infirmière-chef. Toutes mes souffrances, toutes mes attentes, mes angoisses s'envolèrent en quelques minutes en cet après-midi du début du mois d'août 1988.

M'accrochant à leurs bras, je franchis vaillamment la porte de sortie. L'air s'engouffra comme une tornade dans mes poumons qui n'avaient plus l'habitude de l'air pur. Je respirai comme un poisson, en happant avec la bouche mes premières bouffées de liberté, de vie. La luminosité et l'éclat du soleil me frappèrent en plein visage, me faisant grimacer de douleur. Mes paupières frémirent devant la densité de celui-ci. C'étaient mes premiers pas vers ma *nouvelle vie* pour ainsi dire... mon *nouveau départ !* Tout heureux, nous laissâmes éclater notre enthousiasme de nous retrouver enfin ensemble après tellement de semaines d'attente. Plus rien ne comptait que cet absolu moment de bonheur à trois.

Ce jour-là, je ne réalisai et ne remarquai pas encore combien les gens me regardaient curieusement. Car au fil de mes mois de bataille, j'allais vivre le calvaire qu'endurent les brûlés en étant toujours regardés ou observés avec curiosité ou étonnement. Il y a des regards qui insistent, qui font plus que mal ! Surtout lorsqu'on redevient une femme. On se sent tellement frustrée de ne pas pouvoir vivre comme telle ; de porter un masque peu esthétique ou une compression en plastique transparent pour aplatir les greffes, les hypertrophies du visage. Ce sont des contraintes astreignantes. Malgré toute la volonté qui m'a dominée, je n'ai pas très bien supporté ces regards qui me rappelaient toujours mon épreuve. Il y avait des jours où cela m'agaçait, m'irritait, m'indignait. Plus que d'autres? Oui, mais je pense que c'est la croix de tous ceux qui doivent vivre avec des souffrances visibles qui sont terribles à endurer.

Fatiguée par mes efforts, j'avisai un sympathique banc qui nous accueillit à l'ombre d'un énorme chêne. Saoulée par l'air, le bruit turbulent de la circulation environnante, les sirènes des ambulances qui allaient et venaient à l'intérieur du parc de l'hôpital, je m'habituai tout doucement à mon environnement. Jamais les arbres et les fleurs ne m'avaient paru plus beaux. Je m'extasiais comme une gamine devant la beauté de l'épanouissement des roses. Je ne pouvais dire quelle sensation j'éprouvais. J'étais émue, frissonnante, comme si je voyais, j'entendais pour la première fois de ma vie. Ce banc allait devenir notre point d'arrêt préféré pendant les dix jours suivants.

Les deux heures et demie de permission filèrent bien trop vite. Le plus dur m'attendait au retour, dans ma chambre stérile surchauffée, avec ses odeurs de médicaments et de souffrance. Heureusement, mon mari, mon fils m'attendaient déjà devant ma vitre fleurie. Je retrouvai également Raphaëlle qui m'aida à lutter contre la tristesse qui inondait mon cœur, mon esprit. Elle partagea ma fierté d'avoir pu effectuer mes premiers pas en avant dans mon tunnel... et ma peine devant ma terrible découverte : effectivement, en voulant signer ma déposition, j'avais constaté avec horreur que je ne pouvais plus tenir un stylo entre mes doigts. Cruelle et douloureuse constatation. Mais grâce à cette révélation, le lendemain matin, je demandai à Mme Valentin de me prêter un stylo et des feuilles de papier. Je voulais à tout prix m'exercer. Pour m'encourager, j'écrivis à partir de ce jour des lettres à Séverine qui passait son mois d'août au centre de vacances. Pascal, mon kiné, trouva que c'était une bonne idée :

« Cela activera la rééducation de vos doigts, Gerda. C'est vraiment parfait. Vous êtes très intrépide dans vos idées. C'est votre fille qui va être heureuse de recevoir de vos nouvelles. »

C'est donc grâce à Séverine, ma fille qui me manquait tellement, que pendant des heures, des jours, je m'exerçai péniblement à retrouver l'usage de mes doigts bloqués... pour lui écrire toute ma tendresse de mère.

Depuis le 5 août 1988, ce stylo quatre couleurs ne m'a jamais quittée. C'est lui qui m'a aidée à rédiger mon courrier et, à présent, mon extraordinaire aventure, mon livre!

11

Mes journées avaient un emploi du temps bien chargé : les visites des médecins, les bains sans anesthésie, les soins du visage, la rééducation, les lettres pour Séverine, les promenades dans le parc, les repas, le steak de 22 heures. Cela devenait moins monotone et plus encourageant malgré mes continuelles souffrances de brûlée.

De plus, je m'étais fait un nouvel ami, M. Jean. En m'apercevant le deuxième jour dans le parc, il avait eu un sentiment de pitié envers moi. Après lui avoir expliqué en quelques mots ma présence dans cet hôpital, il avait soupiré en disant :

« Ouf! Vous m'avez fait une de ces peurs. En vous voyant ainsi affaiblie, pâle, le crâne chauve, je me suis dit : encore une pauvre jeune femme condamnée! »

Émue, je rectifiai immédiatement :

« Je ne suis pas une malade, mais une brûlée. Une miraculée pour ainsi dire... qui veut vivre encore très longtemps. »

Rassuré, M. Jean me témoigna, ce jour-là, une joie sincère :

« Que je suis heureux pour vous, car un jour viendra où vous serez au bout de votre tunnel. Consolez-vous! Avoir une maladie incurable est bien pire... »

Il avait raison, mais cela, je ne l'ai compris que beaucoup plus tard. À partir de là, nos discussions furent enrichissantes et sympathiques. Ce monsieur, d'un âge plus avancé que le mien, avait un cœur et un esprit si jeunes qu'on l'aimait tout de suite. Sa philosophie et sa cordialité mettaient de la joie dans nos conversations l'après-midi. Une sincère amitié m'avait spontanément attirée vers cet homme qui souffrait lui aussi courageusement et qui était un grand cardiaque.

12

C'est avec émotion que je reçus le 6 août dans le parc de l'hôpital la visite d'André et de Christine qui rentraient de vacances.

Comme il fallait protéger mon visage des rayons dangereux du soleil, Fernand proposa à Christine, notre belle-sœur, de l'aider à choisir un chapeau de paille qui remplacerait mon petit bonnet de skieuse. Elle choisit avec goût un grand chapeau de paille rouge. Celui-ci me servit pendant des mois, et tout le monde admira l'idée originale de Fernand pour cacher ma pauvre tête meurtrie.

Avant leur départ, Christine marqua un message d'espoir sur la première page du roman qu'elle m'avait offert. En le relisant le soir, après les baisers de Fernand et Pascal, je réalisai que je n'y comprenais rien. Je n'arrivais pas à capter le sens du message d'espoir qu'elle m'avait laissé. Il m'était impossible à ce moment-là de l'accepter. Pourtant, avec du recul, je me rends compte qu'elle avait vu juste en écrivant : « *Après toutes ces épreuves, je crois que c'est comme une nouvelle vie qui commence, n'est-ce pas ? On a alors dans la vie d'autres valeurs... On sait plus justement ce qui a de l'importance. Le reste, il faut l'oublier, et ça s'oublie. Tu as tout surmonté avec beaucoup de courage. C'est bientôt terminé.* »

En me remémorant aujourd'hui, des années après, ce samedi 6 août 1988, en relisant son message, je dois avouer qu'elle avait raison. Sauf sur deux points qu'elle ne pouvait deviner : que cela serait long et terriblement douloureux et qu'après presque deux années tout, malheureusement, n'a pas encore été surmonté... et ne le sera que dans des années...

Effectivement, ma vie s'est enrichie de perspectives plus profondes, d'une valeur insoupçonnée avant mon accident. Mes yeux voient mieux dans des domaines inexplorés, inconnus jusque-là. D'ailleurs, une des premières leçons que ma propre souffrance m'a apprises, c'est de tourner mes yeux vers les autres. La douleur, la peine de ceux qui m'entourent me préoccupent, me permettent de donner de l'amour. On dit bien que « ce ne sont que des yeux ayant beaucoup pleuré qui voient mieux la vie et les événements ». Je vis mieux et pleinement ce nouveau départ que Dieu m'a offert avec ceux que j'aime.

Jean Marais, que j'estime et que j'aime beaucoup, m'a accordé la faveur de citer une de ses expressions qui rejoint parfaitement mes sentiments actuels : « Ce qui déplaît, il faut l'ignorer. Ce qui fait mal, il faut l'oublier [1].»

Oui, c'est bien ce que j'essaye de faire depuis mon tragique accident du 26 juin 1988. C'est dur, très dur. Pas facile de mettre ces principes tous les jours en pratique!

Ma bataille n'est pas achevée, donc pas encore oubliée, étant encore toujours en plein combat avec mon demi-masque, le masque entier que je porte la nuit et mes vêtements compressifs. Ma peau de brûlée me fait toujours souffrir. Démangeaisons, coups d'aiguille, changement de temps : c'est une lutte de tous les jours. Tout n'a pas encore été « surmonté ». Mais au fond de mon être bat néanmoins la ferme conviction qu'à partir du 26 juin 1990 je pourrai de temps en temps ôter mes nombreuses contraintes ainsi que ce demi-masque qui me frustre tant. Tant pis si je dois encore porter le demi-masque jusqu'à la fin de l'année 1990, ainsi que le masque entier la nuit. Pour moi, l'essentiel c'est le résultat qui compte. Je veux réussir à tout prix, aussi je persévère avec courage.

---

1. Jean Marais interviewé par *Paris-Match*, le 3 août 1989.

13

Le dimanche, mon frère aîné et Lisette, sa femme, m'apportèrent une bouffée d'affection que j'aspirai avec ardeur. Roland, en m'embrassant, ne put s'empêcher de s'exclamer aussitôt :

« Tu n'as plus le même regard. Quelque chose a changé dans tes yeux, Gerda, tes yeux ont un autre éclat! »

Lui aussi! Je ne l'avais pas compris à ce moment-là. Bien sûr que la souffrance peut transformer un regard. Celle des brûlés est terrible. Je vivais journalièrement dans ma chair l'enfer de mes brûlures et l'apprentissage de mes futures contraintes. Pas difficile d'être métamorphosée.

Par moments, avec le recul, je me demande comment mon esprit a fait pour accepter, pour supporter. Les brûlés doivent se soumettre à tant de souffrances intérieures! D'ailleurs, j'ai toujours admiré ceux que je côtoyais pendant mes nombreuses cures. Certains étaient plus durement atteints que moi. Ils étaient merveilleux de courage et de résignation. Ils m'ont donné une leçon, ainsi que l'envie de continuer mon combat et l'envie de témoigner. D'ailleurs je peux affirmer que je ne suis plus la même.

Mon esprit évolua au fil des mois tout doucement dans le positif. C'est ça le plus incroyable. Ce n'est que vers Noël que je réalisai moi-même tous les changements qui s'opéraient en moi.

C'est, en fin de compte, l'étonnante découverte de mon aventure, de ma foi, de mon amour, de l'amitié des autres. Je ne le redirai jamais assez : sans ma foi à laquelle je me suis cramponnée, sans l'amour d'un homme, le soutien d'une famille, l'appui d'amis fidèles, je n'y serais pas arrivée et n'y arriverais pas encore en ce jour! Que serais-je devenue sans eux? Une épave. Sans aucun désir de continuer à me battre. Oui, c'est grâce à la foi, à l'amour qu'on peut déplacer des montagnes. On a envie de lutter lorsqu'on vous aime. J'ai d'ailleurs un si grand besoin d'être aimée ! Cela doit être terrible et dur d'être seule, sans amour. Atroce, cette solitude. Comme je comprends à présent. Je dois donc encore une fois dire que, *dans mon malheur, j'ai eu beaucoup de chance*. Mais j'en suis consciente. C'est pour cela que je continue à me battre et à donner de l'amour autour de moi. Je voudrais tant que mon témoignage puisse aider d'autres brûlés. Afin qu'ils s'accrochent à trois mots : confiance, foi, espoir. Ces mots qui m'ont donné des forces pour lutter...

D'autres amis fidèles de Marlenheim, Jean-Pierre et Monique, arrivèrent peu après Roland et Lisette. Ma joie, mon bonheur étaient immenses de les avoir tous autour de moi. C'était formidable, cette sensation de paix qui se dégageait de mon cœur. Leur départ en fin d'après-midi me laissa un vide, une solitude pesante et infiniment douloureuse. Tous mes souvenirs refaisaient surface et, sans les encouragements de Fernand, je me serais laissée aller au désespoir. Après avoir eu deux jours de visites, de fête, mon esprit et mon cœur bourdonnaient comme une ruche et tout se bousculait dans ma tête : le passé, le présent, l'avenir. J'étais ivre de toutes ces retrouvailles joyeuses et fatigantes à la fois. Je compris combien la solide présence de mes deux hommes m'avait aidée à garder un équilibre précieux. Je réalisai que ces visites pourtant tellement attendues me perturbaient l'esprit et le moral.

14

Le lundi, Françoise arriva peu avant 13 heures avec un grand sac en plastique. Elle commença à vider le contenu de ma table de chevet. J'assistai, impuissante, à cette scène qui bouleversait tous nos projets, à Raphaëlle et à moi. Consternée, je regardai Françoise avec inquiétude et lui demandai :

« Mais, que se passe-t-il?

– Eh bien, Gerda, vous changez de service! Vous déménagez au quatrième étage. On a besoin de votre lit pour un autre brûlé qui doit arriver cet après-midi. En plus, j'ai une bonne nouvelle à vous annoncer : le centre de Sainte-Foy-l'Argentière vient de téléphoner. Ils vous attendent le 16 août, avant 11 heures du matin! »

Elle me prit la main, m'aida à me lever et, sans pitié, m'entraîna gentiment vers l'ascenseur. Je réalisais à peine ce qui se passait que déjà je me retrouvais dans un nouveau couloir, dans lequel j'avançais péniblement. Mes idées se brouillèrent à la pensée de tous ces changements qui auraient dû pourtant me faire sauter de joie. Des larmes brûlantes voilaient mon regard. Désespérée, j'essayai de retenir mon émotion, mon angoisse, lorsque soudain, Françoise s'immobilisa devant une porte entrebâillée qui laissait apparaître une grande chambre étrangère dans laquelle m'attendaient trois lits vides. Mon Dieu, quelle perspective! Mon corps était transpercé d'une flèche impitoyable. Encore une épreuve à braver. Je ressentais une indignation me violer le cœur et je déclarai en sanglotant :

« Pourquoi me changer de service alors que dans cinq jours je pars pour Sainte-Foy-l'Argentière? Vous et tout le service des brûlés allez me manquer! Qui va s'occuper de moi? »

Françoise me fixa, surprise par ce torrent de larmes :

« Mais voyons, Gerda, vous n'êtes pas abandonnée ! Vous serez soignée de la même façon, on viendra vous chercher pour vos soins qui seront comme d'habitude effectués au service des brûlés. Ici, vous aurez plus de liberté, la possibilité d'avoir auprès de vous toute la journée vos proches. Et puis, comme vous le disiez à l'instant, le 14 août 1988, après le bain, vous pourrez rentrer à Mulhouse pour le week-end de l'Assomption afin de préparer vos valises pour le centre de Sainte-Foy-l'Argentière... »

Je pleurai, affligée par ce déracinement imprévu. La voix de Françoise devint alors plus sévère. Elle me lança :

« Gerda, vous n'allez pas craquer. Voulez-vous vous calmer ! Allez, du courage, vous en avez déjà eu tellement. Et puis, ce n'est pas le moment de pleurer. Votre mari et votre fils vont arriver d'une minute à l'autre. Soyez forte pour eux, ils le méritent. Ils sont formidables. Eux aussi ont besoin de votre volonté ! »

Elle me quitta sur un dernier signe amical de la main. Ce qui était le plus important pour l'instant, elle venait de me le rappeler. Oui ! Mes deux hommes seraient bientôt là, je devais absolument continuer à me battre, pour eux, pour Séverine, pour moi ! Je me retrouvai donc seule devant ces trois lits vides, mon sac en plastique posé sur la petite table du milieu. J'aperçus la fenêtre et choisis sans hésitation le lit placé à côté d'elle. Je l'ouvris fébrilement pour respirer l'air frais dont mon corps avait tant besoin pour s'apaiser. Françoise avait raison, mes dernières journées à l'hôpital Notre-Dame-du-Bon-Secours à Metz seraient certainement plus agréables dans cette chambre. L'apparition des visages étonnés et radieux de Fernand et Pascal me ramena à la réalité.

« Tu nous as fait une de ces peurs ! Tout à l'heure, à 14 heures, on a retrouvé ton lit vide, sans matelas. Heureusement, Raphaëlle nous a annoncé ton départ pour le quatrième étage et ton retour à la maison. Quelle surprise ! Mais quel bonheur, nous n'aurons plus que cinq jours à attendre. C'est super ! Vite, il fait beau, prends ton chapeau rouge et sortons pour rejoindre M. Jean et lui annoncer ces bonnes nouvelles ! »

Comme un automate, je les suivis en admirant leur joie et leur optimisme. Ils avaient raison. Cette pensée me réconforta et me rassura pleinement. Mes inquiétudes disparurent peu à peu. L'après-midi s'écoula comme les jours précédents avec M. Jean. Mais avec en plus des projets positifs pour mon retour qui réjouissait tout le monde. Par bonheur, Alain, notre ami qui nous rendait visite tous les mardis, remporta les plantes vertes. Isabelle et Violette, mes fidèles fleuristes, les garderaient dans leurs serres jusqu'à mon retour définitif. Vers 18 h 30, après le dîner et les derniers baisers de Fernand et Pascal, je me préparai moralement à affronter cette première nuit, pleine d'espoir, en solitaire. Détendue, confiante, essayant au mieux de supporter mes habituelles souffrances et mes démangeaisons, je me laissai glisser vers un assoupissement, un engourdissement inconnu qui me dominait pour la première fois. Ce sommeil réparateur qui m'avait abandonnée depuis six semaines déjà s'annonçait-il enfin ?

Brusquement, vers 20 heures, la porte s'ouvrit avec fracas sur une patiente qui m'expliqua n'être dans ce service que pour quarante-huit heures, ayant des problèmes dentaires. Après avoir rangé ses affaires de toilette, choisi le lit extérieur, ignorant celui du milieu, elle me quitta pour rejoindre une amie hospitalisée au même étage. Elle ne voulait pas rater son feuilleton préféré à la télévision. En s'excusant de ne pas rester avec moi, elle disparut aussitôt. Je restai complètement ahurie devant cette apparition et cette déclaration. Problèmes dentaires? Cette expression me paraissait invraisemblable. Après toutes ces semaines passées au service des brûlés, je découvrais qu'il existait des souffrances certainement moindres et étonnantes à la fois.

Vers 21 h 15, une tumultueuse arrivée me fit encore une fois sursauter. La porte claqua brutalement pour céder le passage à un lit sur roulettes sur lequel était étendue une jeune femme en pleurs. Des infirmières inconnues s'agitaient autour d'elle et pendant une bonne demi-heure lui prodiguèrent des soins attentifs. Au pied de son lit, un homme accablé la couvait de ses yeux angoissés. Mon cœur comprit tout de suite à quel point il l'aimait. J'étais impuissante devant la souffrance de cette femme atteinte par une profonde coupure à la joue. Je n'osai bouger, ni poser de questions. C'est l'homme qui m'adressa en premier la parole. Je sentais qu'il avait un besoin fou de confier son désespoir :

« Et dire que Nicole ne voulait pas aller faire ce tour à vélo ! »

En quelques mots, il m'expliqua l'accident bête de sa femme. Je le rassurai, le consolai en disant que tous les accidents étaient bêtes. Ma voix s'étranglait d'émotion en me rappelant le mien, tout aussi stupide. Dire qu'il fallait voir la souffrance des autres pour oublier un peu la sienne ! Vers 23 heures, revint la patiente aux problèmes dentaires. La nuit fut agitée. Je ne pus m'empêcher de pleurer longuement en repensant à cette journée incroyablement chargée en événements imprévus.

Le lendemain, on vint me chercher effectivement pour le bain. Je me sentais fatiguée, mais en retrouvant le sourire du docteur Jean-Pierre F., des infirmières, de Françoise, de Mme Valentin et de Raphaëlle, je soupirai de soulagement. Pendant mon bain sans anesthésie, les infirmières durent à nouveau arracher les compresses qui collaient à mes plaies, à mes prises de greffes effectuées sur la cuisse droite. Je serrai les dents en priant, en avalant mes larmes, comme d'habitude. Une heure après, je retrouvai avec un réel soulagement ma nouvelle chambre au quatrième étage. Les deux lits étaient vides. Ouf! J'allais pouvoir profiter de cette solitude pour me reposer car mon bain avait réveillé de pénibles démangeaisons et mes souffrances coutumières de brûlée.

Peu de temps après, la porte s'ouvrit subitement sur des exclamations de colère, des plaintes, des pleurs. C'était la dame aux problèmes dentaires que l'on ramenait de son anesthésie. Elle était très nerveuse et je ne comprenais rien à ses paroles incohérentes. La perfusion la calma. Elle s'enfonça enfin dans un profond sommeil. A peine allongée sur mon lit, la porte encore une fois claqua brutalement. On reconduisait le lit de la deuxième jeune femme blessée à la joue. L'infirmière me dit avec un large sourire :

« Elle ne va pas tarder à se réveiller. Lorsqu'elle sera ranimée, soyez gentille, prévenez-nous au moindre problème! »

Cette sollicitation me rendait utile et heureuse à la fois. Aussi, mon sentiment de solitude me pesa moins. Les yeux de la jeune femme s'entrouvrirent peu de temps après son arrivée. Ils croisèrent les miens, je les sentis plein d'inquiétude, d'angoisse. Je compris son regard anxieux car son beau visage était blessé. Qui d'autre pouvait mieux la comprendre que moi, ayant vécu la même incertitude, la même attente, le même désespoir pendant plus d'un mois? Je calmai son impatience, ses inquiétudes. J'écoutai ses confidences, accueillis son besoin attendri de me parler. A ce moment-là, sa souffrance s'unissait à la mienne et je me sentais encore plus proche d'elle... Fallait-il donc avoir souffert soi-même pour mieux comprendre la souffrance des autres?

Impatiemment, je guettai l'aiguille de mon gros réveil noir. J'avais tellement de choses à raconter à mes deux hommes! Cette attente me parut longue. Pour m'occuper l'esprit, je bougeai avec entêtement mes doigts, ma nuque, mon avant-bras, afin d'activer ma rééducation. Celle-ci se faisait d'ailleurs depuis lundi dans un service installé au sous-sol. Enfin, des pas familiers résonnèrent au bout du couloir. Mon cœur battit de joie en apercevant leurs visages rayonnants dans l'encadrement de la porte. Cette bouffée d'affection me redonna de l'énergie. C'est avec courage que je retrouvai M. Jean sur notre banc. Nos discussions furent animées jusqu'à 17 heures, heure de la séparation que je redoutais malgré moi. En effet, en arrivant dans le couloir de mon nouveau service, j'entendis des cris plaintifs, des pleurs. La porte de ma chambre était grande ouverte. Mon Dieu! Que se passait-il? Un affolement vertigineux glaça mon cœur. Lorsque soudain le passage inattendu du docteur Jean-Pierre F. donna à mon désespoir la force nécessaire de l'interpeller timidement :

« Docteur F., pourrais-je vous parler un instant?

– Mais oui! Qu'avez-vous sur le cœur, Gerda?

– Eh bien, voilà. Après avoir quitté hier le service des brûlés, je me sens un peu perdue. Devant la souffrance de mes deux nouvelles camarades de chambre, j'ai peur! Je suis très fatiguée. J'appréhende une deuxième nuit avec elles. Je me croyais courageuse puisque ce matin j'étais heureuse de jouer à la garde-malade. À présent j'éprouve une grande faiblesse intérieure. Je ne sais pas pourquoi. Que faire? Docteur F., aidez-moi!

– C'est tout simple, je vais vous changer de chambre. C'était prévu pour demain mais cela peut se faire ce soir déjà! Gardez surtout votre bon moral et cette volonté qui vous a animée jusqu'à aujourd'hui. C'est bien, ce que vous avez fait, mais il faut d'abord penser à vous. Courage, je vais régler ce problème!

– Je vous remercie, docteur », murmurai-je les mots s'étranglant au fond de ma gorge.

Grâce à la compréhension de cet homme au grand cœur, j'étais à présent pleinement soulagée. En un tour de main, un aimable infirmier déplaça mon lit et ma table de chevet sur roulettes. Je saluai amicalement mes deux camarades qui regrettaient mon départ. Leur attitude abandonnée me serra le cœur. Devant tant d'effusions, je leur expliquai avec émotion mais franchement la situation :

« Ne soyez pas tristes! Je reste à l'étage. Je change uniquement de chambre ce soir au lieu de demain matin. Il faut absolument que je garde des forces pour continuer ma bataille qui sera plus longue que la vôtre. Ne m'en voulez pas. Courage, à demain, je viendrai vous faire une petite visite! »

Mon aventure se poursuivit dans une autre chambre avec une nouvelle camarade dont les quatre dents de sagesse devaient être extraites le lendemain. Je me dis au fond de moi : « Mais cela n'est pas possible ! Je suis donc poursuivie par les problèmes dentaires ! » Fernand et Pascal, me rejoignant, n'y comprenaient plus rien. Comme ils m'avaient quittée dans l'ascenseur pour m'acheter des journaux avant la fermeture du kiosque de l'hôpital, ils n'étaient donc pas au courant de mon déménagement. Ce fut le brave infirmier qui les dirigea vers ma nouvelle chambre. Après mes explications, ils soupirèrent de soulagement, m'embrassèrent affectueusement et me souhaitèrent une nuit plus calme. Après leur départ, un agréable sentiment de paix envahit pour la première fois mon corps torturé par les brûlures. Je m'assoupis enfin quelques heures, les premières en presque sept semaines. Mais, par habitude, je me réveillai bien avant l'aube.

15

La matinée du mercredi 10 août s'écoula comme toutes les autres matinées, avec les soins habituels du visage et la rééducation que j'effectuais au sous-sol de l'hôpital. Frédérique, la nouvelle « kiné », venait me chercher tous les jours pour me guider vers la salle de rééducation. J'étais émue et encouragée par mes progrès. Je découvrais d'autres blessés qui s'acharnaient eux aussi sur les différents appareils de musculation. Elle m'enseigna avec douceur des mouvements pénibles que je devais connaître à la perfection.

Une heure après, de retour dans ma chambre, on ramena la jeune fille endormie, encore sous anesthésie. À son réveil, je jouai encore une fois la garde-malade. Elle était très calme. Je fixais sans cesse ses quatre dents de sagesse qui trônaient sur sa table de chevet dans un flacon transparent. Ayant très peur moi-même des soins dentaires, je ne l'enviais pas du tout. Mais ce n'était pas comparable avec mes souffrances de brûlée.

L'après-midi, l'affection de mes deux hommes et l'amitié de M. Jean m'aidèrent à surmonter l'attente oppressante du 14 août. Pour m'encourager, je m'appliquai à exécuter les mouvements importants de ma rééducation. Fernand, lui, parlait de son retour à Mulhouse qu'il allait effectuer vendredi soir. Aussi, l'après-midi fila trop vite à mon goût ! J'appréhendais déjà la soirée qui s'annonçait. Au moment de nous quitter, je ne pus m'empêcher d'indiquer à Fernand les derniers achats à prévoir pour mon séjour à Sainte-Foy-l'Argentière et je lui dis :

« Fernand, pourrais-tu également contacter l'agence Air France de Mulhouse pour leur demander ma chaussure, ma veste et mon sac restés dans l'avion au moment de notre fuite ? »

Il me fixa d'un regard étonné et brillant. Je posais pour la première fois des questions au sujet de notre accident !...

« Tu sais, ajoutai-je, je tiens beaucoup aux affaires personnelles et aux papiers qui se trouvaient à l'intérieur de mon sac à main. »

D'une voix affligée, mon mari me coupa la parole :

« Mais Gerda ! Te rends-tu bien compte de ce que tu me demandes ?

– Eh bien, oui, ils auront certainement retrouvé tous les objets abandonnés par les passagers à l'intérieur de l'avion !

– Mais, Gerda, il ne reste plus rien ! L'avion a brûlé, il a entièrement flambé !

– Mon Dieu, que dis-tu ! L'avion a été détruit par le feu ? Mais alors, qu'aurais-je fait si tu avais été blessé ? Qui t'aurait secouru et qui m'aurait sauvée des flammes ? Mon Dieu, c'est affreux... Nous avons vraiment échappé à une mort certaine ! Oh ! Fernand, nous en avons eu de la chance ! »

Les sanglots jaillirent de ma poitrine, violents et douloureux. Ce n'est que dans les bras affectueux de mon mari qu'un certain temps après je me calmai. À jamais je reverrai cette scène où nos larmes se mêlaient pour se transformer peu à peu en larmes de joie. Car je réalisais, nous réalisions que la vie nous souriait. Il me suffisait d'accepter de continuer mon dur combat pour lui prouver ô combien je tenais à cette nouvelle vie que nous allions poursuivre ensemble, main dans la main.

L'aube se distinguait par les premières lueurs qui précédaient le lever de ce jeudi 11 août. En attendant le passage de la jeune infirmière, je songeai à cette nuit blanche qui avait été agitée par les révélations de Fernand et les nombreuses interventions de l'équipe de nuit. Je n'avais pas bien dormi. Les images, les souvenirs de mon accident d'avion n'arrêtaient pas de me harceler l'esprit. J'étais très lasse. Dans le courant de la matinée, je retrouvai le service des brûlés pour mon bain sans anesthésie, l'avant-dernier ! Je retins à grand-peine mes craintes quand on m'arracha mes compresses mais je me dis que ce serait bientôt le dernier bain !

La jeune fille aux dents de sagesse me quitta en fin de matinée, le vendredi. Au fond de moi je me demandai craintivement : « Serai-je enfin seule cette nuit ? Aurai-je encore une autre compagne ? » Par bonheur, la visite inattendue de mes cousins François et Hélène et de leur fille Katia me fit oublier mes angoisses et mes attentes douloureuses. Je ne vis pas passer l'après-midi grâce à leur présence affectueuse. Mes hommes me quittèrent à regret vers 17 heures. Pascal devait conduire son père à la gare de Metz. Fernand retournait à Mulhouse pour préparer mon retour provisoire le week-end. J'étais triste de cette séparation. Pourtant, au fond de moi, j'étais heureuse, car le moment tant attendu de quitter cet hôpital approchait à grands pas. Sans trop de surprise, vers 18 h 30, arriva ma quatrième camarade de chambre. Elle déplora immédiatement mon départ prochain. Mais après le récit de mon calvaire, elle comprit et partagea mon impatience de rentrer *chez moi*. La nuit fut cependant longue... calme et douloureuse.

Le lendemain, pendant nos courtes promenades, M. Jean m'entraîna avec Pascal derrière les grilles du parc. Il voulait que je m'habitue aux bruits de la vie extérieure. Il était formidable. Dans ses yeux je remarquai avec peine une lueur de mélancolie. Il m'avoua le soir en me quittant :

« Chère madame, je suis triste de me retrouver bientôt seul sur notre banc. J'appréhende la solitude après votre départ. Mais je suis si heureux pour vous et votre famille. À quelle heure partez-vous demain matin ? J'aimerais vous saluer une dernière fois.

– Entre 10 h 30 et 11 heures, je pense, après mon bain », lui répondis-je, la gorge serrée par l'émotion.

Le soir, Pascal resta un peu plus longtemps auprès de moi. Il rangea dans un sac de voyage mes quelques affaires personnelles. Joyeusement, avant de me quitter, il me serra affectueusement dans ses bras en disant :

« Maman, te rends-tu bien compte ? C'est la dernière fois que je te quitte ce soir. Demain, papa viendra nous chercher en voiture. Je suis si heureux. Courage pour ton dernier bain demain matin. Pense que le plus dur est derrière toi. À présent, tu vas vers le chemin de la guérison. C'est formidable ! Dors bien et à demain, ma petite maman. »

Il m'embrassa affectueusement, mon cœur battait d'allégresse. Le bruit familier de ses pas s'évanouit au fond du couloir et ma quatrième compagne déclara :

« Vous avez de la chance d'avoir un fils semblable. C'est rare qu'un garçon de son âge fasse pour sa maman ce que le vôtre a réalisé. Il y a tant d'amour dans son regard et son attitude. Je vous envie ! »

Toutes ces paroles me remplirent de joie, de fierté maternelle. Une sensation éclatante de bonheur me fit sourire.

« Vous savez, madame, c'est grâce à cet extraordinaire amour, c'est-à-dire à celui des miens, que j'ai réussi jusqu'à aujourd'hui à garder cette volonté et cette rage de vivre. Sans Dieu, sans eux, je n'aurais pas gardé l'espoir ni l'envie de continuer ma lutte. »

16

Sur les remous de ma baignoire familière, se balançait un petit canard en plastique. Il semblait me saluer en disant :

« Adieu, Gerda, adieu ! »

En ce matin du dimanche 14 août 1988, Françoise ainsi qu'une de ses assistantes effectuaient mon dernier bain. Elles s'appliquaient pour que mes bandages réguliers et bien serrés m'aident à supporter le voyage. Elles bavardaient gaiement avec moi tout en me donnant des tas de recommandations pour mon retour. Je contrôlais à grand-peine mon émotion qui augmentait avec la douleur intolérable de l'arrachement des pansements. Je frissonnais de souffrance. Par moments, je me mordais les lèvres pour ne pas leur avouer ce que leur disaient mes yeux mouillés de larmes : « Pourquoi dois-je tant souffrir ? Si vous saviez comme j'ai mal à chaque arrachement de compresse. N'y a-t-il donc pas d'autre moyen de décoller celles-ci ? » Courageusement, je résistais comme d'habitude en me répétant sans cesse : « C'est ton dernier bain, le dernier, tiens bon, Gerda ! »

Françoise, remarquant mon combat, me consola en me disant amicalement :

« À Sainte-Foy-l'Argentière, vous n'aurez plus de bains, mais des douches qui seront moins douloureuses ! »

Enfin, enrubannée de pansements neufs et propres, je quittai la salle de soins sans aucun regret, le cœur soulagé et gonflé d'impatience. Toutes les infirmières, Françoise et Mme Valentin, me saluèrent joyeusement avec beaucoup d'encouragement. Quant à Raphaëlle, elle avait dans les yeux... les mêmes larmes brillantes que moi. Il est vrai que je m'étais attachée à cette formidable équipe médicale, au docteur Michel M. que je ne pourrai oublier, à la voix et aux yeux du docteur Jean-Pierre F., son assistant, qui sut si bien me donner du courage, de l'espoir, de la confiance, et qui restera à jamais dans ma mémoire. Je lui dois tant...

Épuisée par toutes ces effusions, je retrouvai avec soulagement le quatrième étage. Ô surprise, Fernand, Pascal m'attendaient déjà, ainsi que ma chère sœur Hermine. Je ne l'avais pas revue depuis mon accident. Notre joie fut immense. Je la serrai sur ma poitrine avec tendresse. Notre émotion fut intense... Entre nos rires, nous essuyions furtivement nos larmes de bonheur. Elle m'aida à enlever ma tenue d'hôpital qu'elle échangea avec hâte contre une de mes tenues de ville. Je tremblais d'émotion, de faiblesse. Me retrouver en tenue de femme avec tous mes bandages me paraissait bizarre. Avec mes chaussures à petits talons, je croyais être sur des échasses. Mon chapeau rouge cachant mes premières repousses blanches, je quittai enfin ma chambre et ma dernière compagne sans regret. Nous nous dirigeâmes avec précipitation vers la sortie du service en saluant au passage les infirmières du quatrième étage.

À présent, je ne pensais plus qu'à me diriger vers le couloir qui menait à la petite chapelle de l'hôpital. Je tenais absolument à saluer une dernière fois la Croix pour la remercier de la force qu'elle avait placée en mon esprit. Avec ferveur je la suppliai de me donner encore une grande dose de courage pour affronter l'avenir, tellement inconnu. Sentant mon angoisse, Fernand me serra très fort la main. Il me rappela à la réalité avec un de ses merveilleux regards, chargé de tendresse et d'amour. Courageusement, je m'éloignai à son bras pour retrouver M. Jean qui m'attendait devant la sortie du service des brûlés. Nous nous embrassâmes amicalement pendant que Pascal et Fernand rangeaient mes affaires dans le coffre de la voiture. La voix vibrante de M. Jean me dit, au moment où je m'installai dans celle-ci :

« Chère petite madame, restez bien brave. Promettez-moi de ne jamais perdre courage. Gardez toujours votre beau sourire ainsi que l'éclat de vos yeux. Tenez bon, promis? Au revoir, petite madame ! »

L'émotion me nouait la gorge. Je ne pouvais lui répondre. En signe d'approbation, j'inclinai plusieurs fois la tête. La chaleur commençait à m'oppresser. Fernand lut dans mon regard qu'il fallait partir au plus vite. Ce n'est qu'au dernier signe de la main adressé vers M. Jean, vers l'hôpital qui disparaissait derrière le premier virage, que mes larmes s'échappèrent sur mes joues enflammées.

Je regardais défiler devant mes yeux mouillés les rues, les immeubles, les voitures, les magasins, les gens, comme si je découvrais un nouveau monde. Un monde retrouvé avec tant d'espoir et d'incertitudes! Pendant la première demi-heure, nous restâmes tous les quatre silencieux. Peu à peu, je savourai cette paix infinie qui commençait à faire battre mon cœur en chamade. Je compris enfin que nous nous dirigions vers l'autoroute de Strasbourg-Paris. À ce moment-là, ma joie explosa vraiment. Hélas, elle fut de courte durée, car la chaleur devenait de plus en plus agressive. Mes démangeaisons reprenaient possession de mon corps blessé. La halte prévue pour le déjeuner me semblait interminablement loin. Je m'efforçais de ne pas trop me plaindre pour ne pas gâcher l'ambiance heureuse créée par les bavardages joyeux de Pascal et d'Hermine. Fernand remarqua mon silence. Il augmenta discrètement la vitesse. Les cent derniers kilomètres qui nous séparaient de notre escale furent les plus durs. La densité des rayons du soleil me brûlait. Une atmosphère pesante régnait à l'intérieur de notre voiture, elle m'envahit d'une désagréable sensation d'étourdissement incontrôlable. Je priais pour ne pas me plaindre. Avec soulagement, j'aperçus au loin la brave ville de Colmar. Les miens m'installèrent joyeusement dans un très joli cadre alsacien. Je pus enfin me débarrasser de toute cette tension accumulée pendant le trajet. Mais, au fur et à mesure que le temps passait, j'éprouvais à nouveau cette désagréable sensation d'étouffement devant l'oppressante chaleur. La souriante patronne du restaurant fut très compréhensive devant mon malaise. Elle proposa de servir la suite du repas à l'ombre des vignes de la petite cour intérieure. Effectivement, le contact du peu d'air existant en ce dimanche 14 août 1988 me fit le plus grand bien. C'est avec plaisir que je pus savourer ce premier repas de liberté en famille. Pascal eut à ce moment-là une idée géniale. Il me déclara avec insistance :

« Maman, tu ne pourras jamais reprendre la route sous cette chaleur torride. Laisse-moi téléphoner à Didier et Geneviève pour leur demander qu'ils viennent te chercher avec leur voiture climatisée. Qu'est-ce que tu en penses, maman? »

Émue par cette supplication affectueuse, j'acceptai immédiatement, lui répondant :

« Formidable, ton idée, Pascal! Va vite les appeler, peut-être seront-ils à la maison. Sinon, téléphone à mon frère Roland, lui aussi a une climatisation dans son véhicule. »

Fernand s'exclama aussitôt en me regardant :

« Heureusement que notre fils est là! Pourquoi n'y avons-nous pas pensé plus tôt? C'est vrai que tu ne pourras jamais voyager par cette canicule. Aujourd'hui, c'est vraiment la journée la plus chaude! »

Pascal ne tarda pas à nous rejoindre, un joyeux sourire aux lèvres :

« Ça y est! Nous avons de la chance. Didier est chez lui. Il viendra te chercher dans une petite heure. Que je n'oublie pas : Geneviève t'embrasse! »

Soulagés par cette réponse, nous attendîmes, heureux et décontractés, la venue de notre ami. Celui-ci arriva comme prévu à l'heure annoncée.

Notre joie fut grande de nous embrasser, mais je remarquai combien il avait du mal à contenir son émotion. Il fut très attentionné pendant le trajet qui nous séparait de Mulhouse. Je peux même affirmer que sans lui mon retour par cette chaude journée d'août aurait été très pénible, pour ainsi dire impossible.

17

Que dire de ce retour tant désiré ? Mes impressions pendant ce week-end de l'Assomption, chez moi, avec les miens ?

D'inexplicables sentiments embrouillés perturbaient mon esprit. La réalité était tellement plus douloureuse, tellement plus pénible à supporter que dans mes rêves ! Inexprimables, les révoltes qui grondaient dans mon âme désorientée par toutes ces émotions, toutes ces retrouvailles. L'absence de Séverine me déchirait le cœur. Au lieu de profiter pleinement de la joie de retrouver mon chez-moi, ma maison, ma famille, au lieu d'apprécier la visite d'amis fidèles m'apportant pendant ces deux jours réconfort et encouragement, je n'éprouvais que du désespoir et une immense lassitude. Avec beaucoup de peine, je cachais au mieux à mon entourage ce sentiment d'impuissance, de démoralisation qui s'amplifiait. Mes plaies me faisaient atrocement souffrir.

Mon excitation intérieure augmentait mes démangeaisons. Ma déception devant la vérité commençait à me peser. Je me rendais à l'évidence que je ne pouvais absolument plus rien faire avec la main et le bras droits. Chaque geste me provoquait d'horribles douleurs. Je n'étais plus chez moi. Le service des brûlés de l'hôpital de Metz me manquait.

Devant le découragement qui gagnait du terrain, je ne me reconnaissais plus. Je me sentais étrangère dans ma maison. Mes yeux ne voyaient plus comme avant. Je ne me sentais plus à ma place chez moi. Cette cruelle découverte de mon impuissance, surtout le fait de dépendre toujours d'une aide, accentua ma grande fatigue. Je n'éprouvais plus du tout ma volonté habituelle. Je suppliai Dieu de ne pas m'abandonner. Je n'avais presque plus de forces pour lutter contre ce gouffre qui m'aspirait sans pitié vers le fond. Ce n'est que tard dans la nuit, blottie pour la première fois contre le corps de mon cher mari, que je pus enfin pleurer. Je lui avouai toutes les impressions qui m'étouffaient. Il essaya de me comprendre, de me rassurer, de me consoler. Ses mots affectueux, sa présence m'apaisèrent lentement. Grâce aux somnifères, tout doucement, le sommeil prit possession de mon corps épuisé par toutes ces émotions.

Le lendemain du 15 août, après une nuit mouvementée, je me réveillai péniblement car mes brûlures me faisaient horriblement souffrir. Alerté, le docteur Bernard K., notre médecin de famille et ami que je revoyais pour la première fois depuis notre accident, essaya avec beaucoup de bienveillance et d'humanité de réveiller mon courage. Mais au cours de la journée, monta en moi une impression étrangère de grande solitude, malgré la présence des miens s'affairant joyeusement autour de mes valises. Je ne pouvais presque plus dominer cette sourde agitation qui gagnait tout mon être. Mon émotion et mon trouble étaient visibles. Ma belle-mère, qui se trouvait seule dans ma chambre, m'interrogea gentiment à ce moment-là :

« Qu'est-ce qui ne va pas, Gerda? »

En sanglotant, je lui répondis avec soulagement :

« Tu ne peux savoir à quel point j'attends mon départ pour ce centre de rééducation. Ces deux jours attendus depuis des semaines, eh bien, tu sais, ils ont été pénibles et fatigants. Ils m'ont fait réaliser qu'il me reste du chemin à parcourir pour avancer dans mon long tunnel, que cette rééducation tant redoutée est vraiment nécessaire pour que je retrouve une vie presque semblable à celle d'avant. Je n'ai plus qu'une idée, plus qu'un désir dans la tête, c'est partir, oui, partir au plus vite, m'enfuir de chez moi pour Sainte-Foy-l'Argentière. Je n'en peux plus, toutes ces émotions, tous ces efforts m'ont tellement fatiguée! »

Ma belle-mère me consola avec des mots simples et justes :

« Ne te décourage pas. Tu as été si forte jusqu'à présent. Fernand a besoin de toi. Pense à tes enfants. Surtout, n'abandonne pas. »

Et, discrètement, elle quitta la chambre pour que je puisse me reposer. Une bourrasque d'énergie inattendue souffla à cet instant dans mon corps, dans mon subconscient. Une inexplicable tempête de mots filtra dans le plus profond de mon être qui, tout doucement, s'assoupit en répétant inlassablement :

« Je veux continuer mon combat pour Fernand, pour Pascal, pour Séverine. Je veux tout faire pour redevenir une femme, une épouse, une mère. Mon Dieu, oui, je le veux. Mon Dieu, aidez-moi! »

SAINTE-FOY-L'ARGENTIÈRE

18

Une lourde et imposante barrière blanche se souleva doucement. Notre voiture franchit sans hésitation l'entrée du centre de Sainte-Foy-l'Argentière que je découvrais avec une hantise mêlée d'impatience. Nous étions le 16 août 1988.

Je n'oublierai jamais qu'au moment où je sortis de notre voiture, onze coups de cloche me saluèrent! Effectivement, le clocher d'une église se dressait devant moi. Étonnée, j'écoutai ces sons bizarres qui semblaient provenir d'un métal rouillé. Ce n'était pas du tout harmonieux. D'ailleurs, je ne me suis jamais habituée à ces tintements heurtés qui me faisaient toujours sursauter d'agacement.

Peu après, une aimable secrétaire nous accueillit cordialement. Pendant un bon moment, elle nous questionna pour remplir toutes les formalités d'arrivée. Puis elle nous indiqua la direction de mon futur service de brûlés. Une jeune infirmière nous guida ensuite à travers de nombreux couloirs, puis s'arrêta devant une porte inconnue. Mes battements de cœur se précipitèrent à cet arrêt brutal. Pantelante, impatiente, j'attendis qu'elle m'annonce les mots que je n'eus pas de mal à deviner :

« Voilà, madame, c'est votre chambre! Vous n'y serez pas seule. Jocelyne, une jeune brûlée, vous y attend déjà. J'espère que vous vous en ferez une compagne. Elle est très gentille, vous verrez, à deux c'est beaucoup plus facile! »

Elle poussa la porte et me précéda pour en ouvrir une seconde à droite. Je vis apparaître à ma grande surprise une sympathique et jolie salle de bains à deux lavabos, douche, w.c. Enfin, elle entrebâilla la porte au fond de ce petit vestibule pour nous céder le passage.

La chambre qui nous accueillit était très haute, vaste, bien éclairée. Sur la droite étaient sagement alignés deux énormes lits en métal argenté avec deux rigides tables de chevet décorées d'une multitude de boutons encadrant un haut-parleur. Au-dessus des lits allait et venait une imposante rampe sur laquelle étaient fixés plusieurs néons. Sur le côté gauche, dans le coin, en hauteur, fixée sur une barre amovible, une télévision couleurs fonctionnait bruyamment. Au milieu se dressait une fenêtre étroite, très haute, dont les côtés s'ornaient de deux pans de tissu à rayures. Une jeune fille lui tournait le dos. Elle tenait dans ses mains bandées une télécommande qu'elle glissa dans sa poche en tournant la tête vers nous. Elle nous adressa un amical bonjour en repoussant le tabouret sur lequel ses pieds reposaient. Doucement, elle se dirigea vers son lit placé à côté de la fenêtre. Mes yeux s'arrêtèrent en dernier sur une toute petite table adossée au milieu du mur gauche. Elle semblait perdue avec sa chaise vide qui paraissait me dire : « Bonjour, Gerda, je t'attendais. »

Ne voulant pas montrer mon émotion, je répondis de suite à l'accueil souriant de la jeune fille en bredouillant quelques mots amicaux. Je n'avais même pas le temps de réaliser... déjà l'infirmière avait disparu.

Ma nouvelle compagne s'empressa de m'informer des horaires, du règlement, des interdictions. Jocelyne me remit également les clefs de ma future armoire située dans le vestibule en face de la salle de bains. Puis elle m'expliqua le fonctionnement des nombreux boutons de ma table de chevet, qui m'avaient tellement intriguée. Je l'écoutais attentivement alors qu'au fond de moi galopait sournoisement une angoisse qui me serrait la gorge. Encore une fois, j'étais dans une nouvelle chambre avec une autre compagne et cela pour combien de temps?

Instantanément les voix réconfortantes de mes deux hommes apaisèrent mon inquiétude. C'est à cet instant précis que la pensée de la présence de Pascal encore trois semaines auprès de moi me rassura. Je ne serais donc pas seule après le départ de mon cher mari. Aussi, à présent, il me fallait à tout prix garder mon calme pour qu'ils ne remarquent pas la bataille qui se livrait en moi. Coupant court à mes réflexions, la porte s'ouvrit subitement et une grande jeune femme blonde entra, se présenta comme étant l'assistante du docteur Yves-Noël M. Elle nous gratifia d'un sourire de bienvenue et nous pria de nous asseoir. Fernand choisit sans hésitation la chaise près du lit vide. Pascal grimpa sur le bout du lit qui m'était destiné, tandis que moi, je pris difficilement la chaise de la petite table pour rejoindre la main de Fernand. La jeune femme nous adressa la parole d'une voix grave et autoritaire :

« Madame, si vous êtes arrivée aujourd'hui dans ce centre spécialisé pour les brûlés, c'est pour votre rééducation, très importante pour votre avenir. Comme il vous faut retrouver le plus rapidement possible l'usage de vos articulations bloquées par les brides, le travail sera dur, très dur. Il faudra avoir beaucoup de volonté, énormément de patience. Vous resterez ici environ deux à trois mois, selon l'évolution de vos progrès. Mais ce n'est qu'un début. Une fois de retour chez vous, la rééducation devra être pratiquée tous les jours et cela pendant très longtemps, des mois, des années. Avec le temps tout s'arrangera. Mais sachez que vous n'êtes et vous ne serez plus jamais celle d'avant. Vous serez une nouvelle femme ! Pour le moment, vous devez vous tenir à certains règlements :

« – Tout d'abord, vous prendrez vos repas dans cette chambre jusqu'au jour où vous pourrez retrouver vos autres compagnons dans le service du premier étage réservé aux brûlés pour les repas.

« – Vous ne quitterez cette chambre que pour vos soins qui s'effectueront tous les deux jours par des douches, même un dimanche sur deux.

« – Votre rééducation se fera tous les matins, avec le kinésithérapeute qui vous indiquera sous peu les horaires. Celui-ci vous donnera les instructions par ce haut-parleur placé à côté de votre table de chevet.

« - Vous ne devrez pas quitter le service sans autre permission que d'aller vous promener dans le parc.

« – La bibliothèque, la salle de jeux, le kiosque, le bar vous seront interdits pendant le laps de temps où vous aurez des plaies, car vous êtes porteuse de microbes.

« – Lorsque vous ne serez plus soignée avec la pommade de Bétadine qui, hélas, tachera vos pansements et vos vêtements, nous vous accorderons plus de libertés. Entre autres, celle de passer le week-end avec votre famille à l'extérieur de l'hôpital. Mais cette permission est à demander chaque mercredi matin, au passage de l'infirmière-chef. Sinon, pas d'autorisation de sortie le samedi !

« – Un dimanche sur deux, il faudra revenir impérativement avant 10 heures au centre pour la douche.

« – Le dimanche soir, il faudra être de retour sans faute pour 20 heures ! »

Brusquement, la porte claqua pour laisser apparaître une souriante aide-soignante. Elle tenait dans ses mains gantées de plastique transparent une assiette fumante qu'elle posa devant Jocelyne. Elle retourna sur ses pas pour revenir aussitôt avec une autre assiette qu'elle déposa devant moi. L'assistante continua :

« Bon, je pense que pour ce matin vous en avez assez entendu. Je vais vous laisser manger, sinon votre déjeuner va refroidir. Cet après-midi nous nous reverrons de toute façon avec le docteur Yves-Noël M. et Jean-Louis R., votre kinésithérapeute pour la première douche. Je vous retrouve donc tout à l'heure. Entretemps, défaites votre valise, installez-vous et reposez-vous un peu ! »

Elle fit semblant de nous quitter, mais, en se retournant, elle s'adressa à mes deux hommes d'une voix aimable :

« Ah ! J'allais vous oublier. Pour les repas, vous pouvez aller vous servir au self-service du personnel et des visiteurs du centre. Pour votre logement, il faut vous adresser au responsable des locations à la réception. Il vous trouvera sans problème deux chambres dans l'immeuble situé à côté de l'hôpital. Cet immeuble est d'ailleurs conçu pour accueillir la famille des personnes hospitalisées. Bon appétit et à plus tard, messieurs ! »

Puis elle disparut derrière la grande porte du vestibule.

Nous étions tous les trois figés par toutes ces révélations, toutes ces interdictions, toutes ces recommandations. Nous restâmes sans voix, sans mouvement. C'est Jocelyne qui nous sortit de cette torpeur qui nous bloquait l'esprit et le corps. Elle s'adressa à moi gentiment :

« Madame, mangez, sinon votre repas va refroidir ! L'aprèsmidi sera encore longue pour vous ! »

Je la regardai ahurie, puis, lâchant la main que Fernand me serrait éperdument, je poussai ma chaise devant la petite table pour manger ma purée et ma tranche de veau qui refroidissaient dans mon assiette. J'essayai d'avaler quelques bouchées, en vain... Ma gorge était nouée, rien ne passait. Courageusement, je demandai à Fernand de me laisser seule et d'aller avec Pascal au self-service. J'ajoutai avec beaucoup de ferveur affectueuse :

« Je vous promets de manger un peu, de me reposer pendant votre absence. Je suis avec Jocelyne, tout ira bien ! Si vous voulez, descendez au petit village de Sainte-Foy-l'Argentière ; des fruits et des revues pour demain me feraient plaisir. »

Je voulais à tout prix leur montrer ma volonté de soumission. Leur inquiétude s'intensifia. Je compris : ils étaient malheureux en songeant à tout ce que l'assistante du docteur Yves-Noël M. avait annoncé. C'est vrai qu'après leur départ je restai inerte, avec une insurmontable sensation de lourdeur qui bourdonnait dans ma tête. Inconsciemment, j'éprouvais le combat que menait mon esprit pour ne pas craquer. Fermant les yeux, je priai au fond de moi :

« Mon Dieu, aidez-moi ! Je deviens folle en pensant à toutes ces révélations. Mais qu'est-ce que je fais donc ici, dans ce centre, avec toutes ces interdictions ? Mon Dieu ! Pourquoi, pourquoi ? »

Je réalisai tout le poids de cette épreuve et combien la présence de Dieu en mon cœur était importante. Je ressentis presque aussitôt une subite confiance renaître en moi. Sans chercher à comprendre, ma purée fut avalée en quelques cuillerées. Jocelyne me sourit et approuva mes efforts tout en me racontant son aventure. Immobile, je l'écoutai avec attention, sans l'interrompre. À la fin du récit bouleversant de son accident, je réalisai avec tristesse qu'elle était brûlée à 50 %, donc le double de moi. Cela parce qu'elle avait voulu faire disparaître de son jardin les restes de l'hiver, dont un arbre mort. En versant de l'essence sur celui-ci, la manche de son gros pull avait été imbibée et en frottant l'allumette fatale, le feu avait enflammé son pull, ignorant l'arbre mort. C'était tout simplement horrible à imaginer. Son courage m'anima à partir de ce moment-là et je me promis de respecter sa présence discrète.

Mes vêtements rangés, mes affaires de toilette installées, je rejoignis mon lit pour me reposer un peu. Malgré tous mes efforts, les paroles de l'assistante me revenaient à l'esprit en me giflant les tempes. C'était épouvantable. Je ne comprenais pas pourquoi elle m'avait dit tant de choses douloureuses à la fois. Mais je les acceptais humblement. Je n'avais pas le choix puisque je voulais à tout prix triompher. J'étais effectivement au pied d'une falaise que je devais gravir centimètre par centimètre. Je n'allais donc pas m'arrêter en cours de chemin, le sommet étant le but qui se concrétisait dans la partie subconsciente et volontaire de mon esprit. Je m'obstinais avec ténacité à me répéter les mêmes mots qui me suivirent tout au long de ma pénible ascension : « Mon Dieu, aidez-moi, il faut que j'y arrive, je vais y arriver, j'y arriverai... »

19

Devant des yeux inconnus et discrets m'observant avec attention, une voix d'homme puissante, forte et chaleureuse me donna des ordres que j'exécutai automatiquement :

« Tournez-vous, s'il vous plaît. Remettez-vous de face. À présent, montez le plus haut possible votre bras brûlé. Vous n'y arrivez pas ? Bon, pliez votre coude, votre poignet, votre genou. Vous ne pouvez pas non plus ? Tournez la tête à gauche. Un peu plus. Pas possible ? Bon, bon, ce n'est pas catastrophique, on va travailler ensemble toutes ces brides. C'est bien pour cela que vous êtes à présent à l'Argentière. Courage, on y arrivera ! »

Se retournant vers les infirmières qui assistaient à cette scène, l'homme ordonna poliment :

« Vous pouvez continuer les soins de madame. »

Voilà quel fut mon premier contact avec Jean-Louis R., moniteur-ergothérapeute qui allait s'occuper de ma rééducation pendant mon séjour au centre de Sainte-Foy-l'Argentière. Il s'éloigna de moi en me donnant rendez-vous pour le lendemain matin à 9 h 30, avec un sourire chargé de confiance et d'encouragements.

J'essayai alors de reprendre en main mes sentiments troublés par le cours des événements. Encore une fois, avant la rencontre avec Jean-Louis, j'avais dû accepter ma nudité. Après avoir été dépouillée de mes vêtements, on m'avait découpé mes gros pansements pour m'arracher les compresses collées à mes plaies. Le docteur Yves-Noël M. et son assistante, qui participaient à cette scène, contrôlèrent sérieusement l'état de mes greffes, de mes brûlures ensanglantées, de mes chéloïdes, de mes hypertrophies, et donnèrent les directives à suivre pour les douches futures. Ils indiquèrent aux infirmières présentes toutes les précautions à prendre dans l'emploi des différentes sortes de pommades utilisées pour la cicatrisation de mes nombreuses plaies. Après leur départ et celui de Jean-Louis, les trois infirmières effectuèrent la première douche que j'appréhendais depuis mon arrivée.

Des mois après, dans mes souvenirs, je ressens encore les sensations de cette eau colorée par la Bétadine qui giclait sur mon corps comme une pluie de grêle. J'avais l'impression horrible qu'on lançait des fléchettes brûlantes sur toute la surface de mon corps meurtri par l'arrachement des compresses.

Je priais pour ne pas hurler. Ma douche s'effectua debout sur le carrelage avec, à ma droite, une énorme baignoire métallique qui me rappela celle de Metz. Je fus aspergée d'un autre désinfectant tout aussi cuisant. Je serrais les dents pour ne pas crier sous la douleur qui s'infiltrait dans mon corps. Mais je devais absolument résister pour leur montrer que j'étais courageuse. Enfin, les derniers jets abondants d'eau limpide atténuèrent légèrement ma vive douleur. Les infirmières remarquèrent mon soulagement et insistèrent à plusieurs reprises sur mes plaies avec quelques jets supplémentaires.

« Vous avez été courageuse. C'est bien! Dans peu de temps, votre peau s'habituera aux douches à la Bétadine. »

Je frissonnais nerveusement pendant qu'elles m'enveloppaient dans un grand drap blanc pour sécher mon corps tremblant de froid et de tension. Sur une table de soins, l'une d'elles vida des tubes entiers de pommades grasses de toutes les couleurs. Elle mélangea ces pommades les unes aux autres, avec les compresses. Cela faisait un mélange impressionnant de couleurs et de graisse. Une fois les compresses imbibées de cette mixture, elle les découpa à la grandeur de mes plaies. Je vis apparaître sur mon corps des morceaux de compresses plus ou moins grands. J'avais l'impression de participer à un jeu de puzzle. Une fois recouverte de gros pansements semblables à ceux de Metz, on m'aida à rejoindre ma chambre. À peine couchée, une des infirmières me proposa des gouttes calmantes afin de me permettre de mieux supporter le réveil de mes douleurs provoquées par cette première douche. Même pas dix minutes après, je luttais déjà contre l'insupportable sensation d'être sur un lit de feu. Mais heureusement, le calmant agit rapidement. Mes forces succombèrent peu à peu et un immense vertige fit naître en moi l'envie folle de dormir malgré mes douleurs.

« Mon Dieu, ma chérie! Mais qu'est-ce qui t'arrive?

– Hou, hou, Maman, tu nous entends? »

Je ne pus ni répondre, ni donner suite à ces appels familiers qui semblaient venir d'une tout autre planète, tellement ils étaient lointains. Cet engourdissement paralysant m'empêchait de réagir. Impuissante, je sentis mon corps blessé s'enfoncer dans un profond sommeil réparateur.

20

« *L'homme est un apprenti, la douleur est son maître.* »

Le poète Musset a compris cela bien avant moi, mais ces mots traduisent parfaitement le long apprentissage que je débutai le mardi 17 août, à 9 heures, sous la pression des mains puissantes et souples de Jean-Louis, qui exécutait avec délicatesse les premières postures de mes bras, épaule et cou, bloqués par les épaisses brides.

J'appris par la bouche de mon « kiné » qu'une bride était une bande de tissus conjonctifs réunissant anormalement deux organes. Pour éviter la rétractilité, c'est-à-dire la propriété que possèdent certains tissus de revenir sur eux-mêmes en diminuant de longueur, il fallait absolument maintenir les zones concernées dans un angle de position rigide pendant vingt à trente minutes à chaque séance. Cela pour dompter au fur et à mesure la bride vers l'extension désirée. Il était important de procéder au plus vite à ces postures pour que les cicatrices rétractiles ne diminuent pas la mobilité de mes épaule, bras, coude, poignet, cou et genou.

« Bien sûr les conséquences fonctionnelles étant immédiates, les résultats seront d'autant meilleurs si l'action démarre le plus tôt possible », dit Jean-Louis.

En fin de séance, il poussa doucement ma tête hors de la table de soin sur laquelle j'étais allongée. Il la fit basculer en arrière avec ses mains et la positionna vers la gauche. Cela me fit très mal, mais pour rien au monde je ne me serais plainte. Au fond de moi, j'avais tout de suite éprouvé une infinie confiance en cet homme qui me rappelait le docteur Jean-Pierre F., de Metz. À partir de cette première heure de rééducation, une véritable rage de vivre, de vaincre, m'inonda et ne me quitta jamais!

Lorsque je repense à toutes ces heures pendant lesquelles je luttai avec lui pour gagner chaque jour des millimètres, des centimètres d'extension, je ressens toujours cette formidable entente régnant entre nous deux. Grâce à ses franches explications, j'avais appris dès le départ que ma bataille serait pénible, douloureuse et longue... très longue.

« Gerda, vous êtes à présent dans le passage le plus rocailleux de votre tunnel. Il y aura des rochers à soulever, des crevasses à franchir, des pièges à contourner. Il faudra apprendre à faire des pas en arrière. Ce sera le plus dur à accepter. Mais il y a l'espoir d'une sortie ! C'est la perspective de ce rayon de lumière qui vous aidera à les surmonter sans succomber à tous les dangers qui vous guetteront. »

Je souris malgré mes douleurs, heureuse de pouvoir enfin discuter avec quelqu'un qui répondait avec franchise à toutes les questions qui s'enchevêtraient dans ma tête depuis mon arrivée. Jean-Louis me déclara à la fin de cette première séance :

« Pour rétablir de l'ordre dans votre esprit, je vais vous mettre à partir de demain en relation avec Jean-Émile N., notre psychologue-sophrologue. Vous savez, Gerda, on ne peut guérir son esprit tout seul. Il faut de l'aide et Jean-Émile est un homme qui a une profonde connaissance de l'âme humaine. Il saura parfaitement vous apporter des réponses à toutes les questions qui vous tourmentent. Vous ne serez de toute façon plus seule. À partir de maintenant, nous sommes là pour vous accompagner dans votre parcours de combattant... »

Épuisée par cette première heure de rééducation, je me répétai les paroles bienveillantes de mon « kiné » tout en me dirigeant vers le couloir qui conduisait à ma chambre.

Fernand m'y attendait déjà avec Pascal. C'était l'heure de son départ pour Mulhouse. Je refoulai bravement mon chagrin, mes larmes, puisque j'avais à présent la tête et le cœur pleins de courage, grâce à la discussion avec Jean-Louis. De plus, mon fils restait avec moi. Cette pensée me rassura pleinement. Malgré toute ma bonne volonté, cette séparation m'accabla au moment où je vis disparaître mon mari derrière l'église du centre de Sainte-Foy-l'Argentière. Ma gorge se serra, mon cœur s'affola devant ce vide... Je ne pus m'empêcher de pleurer en disant à Pascal :

« Dire que tous les trois nous avons passé presque huit semaines à lutter, à attendre, à espérer ! Oh, Pascal, que je suis heureuse de t'avoir encore auprès de moi ! »

Jamais je n'oublierai cet instant précieux entre mon fils et moi.

21

Le lendemain après-midi, trois coups francs et secs à la porte me firent sursauter! Un homme en blouse blanche d'allure jeune pénétra d'un pas décidé dans ma chambre. Une belle barbe encadrait son visage qui s'illumina d'un sourire très doux tandis que ses yeux et sa voix me saluaient chaleureusement.

Après une douloureuse douche, *j'allais faire connaissance de celui qui allait me sauver l'esprit du désespoir et de la solitude.*

« Bonjour, Gerda, que vous est-il arrivé? Racontez-moi votre histoire si vous le voulez bien. »

Au son de cette voix engageante, je fus tout de suite à l'aise et en quelques minutes je lui expliquai la raison de mon arrivée au centre de Sainte-Foy-l'Argentière. Il m'écouta en silence, les yeux fermés, puis il ajouta à la fin de mon court récit :

« Bien! J'ai tout compris! Pour entreprendre les soins de votre cerveau qui malheureusement a été également brûlé d'une autre manière que votre corps, il faut que je le débarrasse de tous ces souvenirs qui l'asphyxient depuis votre accident d'avion du 26 juin 1988. Mais, Gerda, j'ai besoin de votre entière coopération, ainsi que de toute votre volonté pour m'aider à rééquilibrer votre inconscient. Êtes-vous d'accord pour travailler avec moi à cette renaissance? »

Tremblante d'émotion et de ferveur, je lui répondis sans hésitation en me calant sur mon lit avec confiance :

« Je suis prête! Vous pouvez commencer! »

Doucement, un filet de voix basse, profonde et intense en volume vibra en donnant des ordres de détente à tous les muscles de mon corps. Peu à peu, je sentis naître en moi un engourdissement qui atténua mes brûlures. Une torpeur inconnue m'appesantit tandis que mes muscles se relâchaient. Jamais semblable bien-être ne m'avait envahie. J'appréciai cette merveilleuse sensation de paix. La même voix m'ordonna alors de revivre mon accident d'avion. Ce fut la rencontre de l'horreur. Tout se bouscula dans ma tête, dans le plus profond de mon être. Je revis, impuissante, une à une, les images flamber dans mon esprit, m'affolant devant cette tension qui éclatait, incontrôlable, insoutenable, irrévocable. Une force invincible me donnait envie de pleurer, de crier, de hurler ma souffrance intérieure. La même voix me commanda avec insistance :

« Oui, ça y est, Gerda, laissez exploser votre révolte, votre douleur. Pleurez, criez, hurlez toute cette colère chargée de souffrance. Libérez-vous enfin, ne vous retenez surtout pas! Allez-y... »

Comme un volcan, ma poitrine, ma gorge crachèrent des hurlements, des cris, des pleurs extrêmes, incroyablement authentiques. J'évacuais enfin tous ces souvenirs horribles qui surgissaient comme une hallucination bien vivante et réelle. Ma tension s'intensifia un court laps de temps. Impensable, cette déchirure qui fit sursauter mon corps tout entier. Je tremblais nerveusement sur mon lit. Mes sanglots, mes yeux inondés de larmes et les images de ce cauchemar se tarirent d'un seul coup. La douleur intense, inimaginable qui m'avait envahie se calma subitement. Elle m'abandonna peu à peu pour me laisser essoufflée, haletante, avec une sensation d'affliction telle que je n'avais plus aucune force, plus aucune énergie. Toutes les ressources de mon corps s'évanouissaient.

Mais la voix de Jean-Émile me rassura, me tranquillisa, me donna tout doucement, lentement, l'impression extraordinaire que je venais de faire un éreintant voyage au fond de mes entrailles. Une immense fatigue, un soulagement inconnu me portaient vers un sommeil incontrôlable. Dormir, oui, enfin dormir! J'en éprouvais un tel besoin! C'est de très loin que j'entendis sa voix me ramener à la réalité en m'ordonnant calmement de bouger les mains et les orteils.

« Vous avez fait un travail énorme! C'est formidable, ce que vous avez pu évacuer de négatif. Je vous demande à présent de garder les yeux fermés. Profitez de cette lénifiante sensation de récupération pour reprendre des forces. Je vous retrouverai demain, à la même heure... Au revoir, Gerda! »

La porte se referma délicatement pour se rouvrir tout aussi lentement : je devinai que c'était mon fils. Mais déjà mon corps s'enfonçait dans ce sommeil qui allait effacer les images tourmentées de cette première séance. La main chaude et affectueuse de Pascal me caressa le front. Je sentis un baiser tendre m'effleurer comme dans un rêve. Sa présence me réconforta et, sans lutter plus longtemps, je m'endormis, apaisée.

Une heure après, je me réveillai, la mémoire légère, le cœur soulagé surtout de retrouver la main de mon fils qui attendait patiemment. Il me regarda d'un air heureux et étonné.

« C'est bien la première fois que je te vois dormir aussi calmement, maman ! En arrivant vers 13 h 30, tes hurlements m'ont glacé le sang. J'étais affolé... Je me demandais ce qui se passait. Une infirmière m'a conseillé de revenir dans une heure. Le hasard a voulu que j'arrive au moment où le sophrologue quittait ta chambre. En quelques mots, il m'a rassuré en m'expliquant : " Votre maman a une incroyable volonté. Je sens que je vais pouvoir énormément l'assister car elle est prête à tout pour guérir. Elle va effectivement gagner par sa persévérance et cette étonnante force que j'ai découverte. Vous pouvez être confiant et fier, elle est sur la bonne voie ! " »

Mes yeux se voilèrent de larmes de paix et d'espoir. Je repensai au fond de mon cœur à la phrase d'Honoré de Balzac, lue et relue quelque temps avant mon accident : « Il est peu de plaies morales que la solitude ne guérisse ! » Je dois avouer qu'elle prenait un tout autre sens à présent.

Et Dieu m'avait permis de rencontrer sur mon chemin de souffrances des hommes qui participaient à l'apprentissage de ma nouvelle vie. De plus, la sophrologie, qui demande des relations intenses et psychologiquement sincères entre deux êtres, était facilitée par la confiance que j'avais éprouvée tout de suite envers Jean-Émile. Sans cette confiance, je n'aurais pu mettre mon âme à nu et ouvrir tout grand mon cœur, ni libérer mes rêves étonnants. Je n'allais donc plus être étrangère à tout, je n'allais plus connaître d'excès de solitude puisque ces hommes m'apporteraient tous les soutiens nécessaires pour l'ascension de ma falaise.

L'humble et grande espérance que la foi me donnait me permit également de passer mes premiers jours au service des brûlés avec un courage et une patience que je partageais avec Pascal.

22

Le samedi 20 août, jour anniversaire de mes vingt-deux ans de mariage, je pus enfin quitter le service pour effectuer la promenade tant attendue dans le beau parc du centre, avec mon fils. Accrochée fièrement à son bras, je franchis joyeusement la porte de l'ascenseur, résolue à explorer le parc. Respirer l'odeur, la vie de cette nature que je redécouvrais, me fit frissonner de bonheur, d'impatience. Je marchais lentement pour ne rien perdre de toutes les images que captaient mes yeux émerveillés. La beauté des arbres et des fleurs envahit mon esprit d'un grand calme. Tout en aspirant à plusieurs reprises cet air serein et pur, je remarquai avec surprise la majesté des marronniers, des chênes qui encadraient les nombreuses allées. Sous leur épais feuillage, se cachaient de sympathiques bancs prêts à nous accueillir, à l'abri du soleil. Les massifs de rosiers en fleur s'étalaient dans toute leur splendeur et m'enivraient de parfums que j'avais presque oubliés. Le gazon coupé soigneusement s'harmonisait merveilleusement bien avec tous les autres carrés de fleurs. Vers l'allée principale à gauche, un petit plateau avait été aménagé avec deux bancs orientés vers la plaine. Nous y découvrîmes avec surprise une vue grandiose qui nous saisit à la gorge par sa beauté. Nous contemplâmes ce magnifique paysage avec émotion. Mais déjà l'heure de notre promenade s'achevait et je tenais absolument à me rendre à l'église du centre avec Pascal.

« Maman, me dit-il, je vais te laisser seule, je retourne dans ta chambre. Sinon, papa va s'inquiéter de notre absence en arrivant. »

Je restai donc seule dans la paix de cette petite église. Le calme qui y régnait me permit d'élever mes pensées vers Dieu et de prier. Ces prières m'auront tellement soutenue!...

Vingt-deux roses fuchsia – ma couleur préférée – trônaient, amoureuses et splendides, sur ma table de chevet. *Fernand n'avait donc pas oublié notre anniversaire de mariage.* Émue, j'aperçus sur la télévision une jolie coupe de fleurs qui m'adressa un petit clin d'œil. À ses pieds, une grande corbeille contenant un assortiment de plantes m'accueillit tout aussi agréablement. Sur la petite table, un autre bouquet m'envoya son sourire. Pendant que derrière la porte entrebâillée se cachait une quatrième gerbe. Comme par enchantement, ma chambre s'était transformée en un jardin de chaleur et de vie. Ma joie éclata comme une bombe. De toutes mes forces, je serrai sur mon cœur le magicien qui avait embelli mon univers... mon mari!

Il était enfin à nouveau près de moi. Ma belle-mère qui l'accompagnait pour cette première visite et notre fils assistèrent à nos retrouvailles avec tout autant de joie. Heureuse de leur présence, de toutes ces marques d'affection, je ne savais plus où donner de la tête. J'en oubliais mes luttes et mes souffrances des jours passés. Ce n'est que dans la soirée, en compagnie de la jeune garde de nuit baptisée Marie-Paule, que je revécus tous les instants heureux et tristes à la fois de cet anniversaire. Elle admira surtout mes roses en disant :

« Je n'ai jamais vu un si beau bouquet de roses. Votre mari vous a gâtée. Il est formidable. Cette chambre ainsi fleurie est superbe. On n'a qu'une envie, vous y retrouver et y rester. »

Émue de cette déclaration, je répondis :

« C'est vrai, Marie-Paule, vous avez raison. Ce bouquet est merveilleux, comme mon mari. Chaque rose représente une année de bonheur, avec ses peines et ses joies. Toute une vie. Une vie, un bonheur qui ont été bouleversés par cet accident stupide. J'espère et ne demande qu'une chose! Que la force qui vit en moi m'aide à supporter mes continuelles souffrances de brûlée. Qu'elle me donne la possibilité d'accepter mes futures contraintes. Que cette longue et lente rééducation me permette de renaître à une vie aussi active qu'avant mon accident pour qu'un jour, je puisse aider par ma victoire, ceux qui seront dans le tunnel. »

23

Encore une fois mon cœur se déchira au dernier signe de main de mon mari. Pascal le reconduisit avec ma belle-mère à la gare de Lyon. Ma petite 205 était à présent au centre, Fernand l'avait apportée samedi pour permettre à mon fils de circuler dans la région pendant les trois semaines qu'il allait passer auprès de moi.

Lorsque les infirmières m'appelèrent à 9 h 15 pour la douche, je retins mes larmes avec beaucoup de peine. Ce n'est que sous les jets de Bétadine qu'elles purent s'écouler à l'abri des regards. La douleur habituelle et familière me frappa la peau, telles des aiguilles brûlantes. Mais cette douleur s'estompa plus rapidement. En m'enlevant les compresses, je ne souffrais plus autant, car elles se décollaient beaucoup plus facilement grâce à l'épaisseur de graisse qui les imbibait. Mais la douche fut longue et angoissante. La douceur, la gentillesse de Marie-Claire, Jeanine et Sylvie écartèrent la tristesse de mon cœur. Elles m'enveloppèrent de joie grâce à leurs innombrables plaisanteries et bavardages sur le week-end passé.

Une fois la douche achevée, je retrouvai ma compagne de chambre et patientai avec elle en attendant l'appel de nos « kinés » respectifs. Jocelyne me raconta en détail son dimanche chez elle avec sa fille. Et moi je lui parlai de ce 21 août 1988, jour anniversaire de mon mari. Elle admira mes bouquets et se réjouit de ces deux anniversaires si proches l'un de l'autre. Une seule ombre me chagrinait, nous n'avions pas pu les fêter à l'extérieur de l'hôpital, n'ayant pas encore le droit d'aller au restaurant à cause de mes pansements et vêtements tachés par la Bétadine. Mais au fond de moi galopait déjà la merveilleuse pensée que le samedi suivant je reverrais Séverine.

Oui! Enfin je pourrais l'embrasser et la serrer dans mes bras. Le retour de son séjour du centre de vacances coïncidait avec la venue de Fernand pour le week-end. De plus, ce centre se trouvait à Neuville-sur-Saône, tout près de Sainte-Foy-l'Argentière (ce curieux et heureux hasard transforma d'ailleurs plus tard les propriétaires du centre de vacances en amis).

Cette pensée me donna des ailes de courage et d'espoir. Je partageai cette joie intense avec Jean-Louis pendant qu'il me posturait l'épaule et le bras. Il m'écouta attentivement parler avec enthousiasme de ces retrouvailles tant attendues avec ma fille. Peu à peu, il me calma en me proposant avec gentillesse :

« Gerda, si vous êtes tellement impatiente de faire des progrès d'ici samedi, alors ne chômez pas. Pour vous occuper cette semaine et les jours suivants, vous pourrez travailler certains mouvements toute seule. Vous placerez vos bras à l'horizontale contre un mur, à la hauteur qui vous est possible. Vous ne bougerez plus, dans cette position, pendant dix à quinze minutes. Vous monterez au fur et à mesure les bras de plus en plus haut. Travaillez cet exercice plusieurs fois par jour. Votre mari et vos enfants seront étonnés et heureux de vos progrès. »

À partir de cette recommandation, je passai des heures à regarder ce mur sur lequel je poussais avec mes bras. Pascal contrôlait le sérieux de mes exercices en m'encourageant par des : « C'est bien, maman! Encore dix minutes, tiens bon, courage, encore cinq minutes... » Je serrais les dents de douleur en me battant contre mes crampes. En fermant les yeux, je m'imaginais le beau sourire de Séverine et cela m'aidait à supporter ces exercices astreignants.

La visite de Jean-Émile que j'attendais avec impatience calma mon excitation, mon agitation intérieure. Car la pensée de revoir mon enfant commençait à m'obséder entièrement. Ma joie se transformait en une crainte, en une appréhension inexplicable. J'avais à présent peur de sa réaction devant mon corps blessé. Mon visage affaibli, mes traits tirés par la souffrance n'étaient plus ceux qu'elle connaissait. Mon crâne rasé commençait peu à peu à se recouvrir d'un mince duvet qui me donnait une allure totalement inconnue. En plus, mes cheveux repoussaient blancs devant, poivre et sel derrière. Cette nouvelle découverte fut encore une autre cruelle révélation. Cette angoisse de les voir repousser blancs ajoutait une épreuve psychologique à ma bataille.

« Que vais-je faire samedi, Jean-Émile ? Comment vais-je réagir devant les yeux et les questions de Séverine ? J'ai tellement peur de son chagrin à elle ! Aidez-moi, je me sens désorientée !... »

Mes larmes jaillirent sans retenue.

« Calmez-vous, Gerda, nous avons encore toute une semaine pour nous y préparer. Ne vous affolez pas. Je vous ferai une séance la veille de cette rencontre. Il faut absolument encore travailler sur votre dernier cauchemar de l'accident. C'est le plus important pour le moment. »

Je m'accrochai à ses paroles, à sa voix peu à peu il entraîna mon corps à la porte du sommeil. Il est vrai que mes douloureux rêves facilitaient son travail puisqu'ils naissaient dans mon inconscient. On peut dire qu'ils représentaient le don de celui-ci. Grâce à plusieurs apprentissages, Jean-Émile m'enseigna la possibilité de relâcher tous mes muscles, toutes mes tensions. Il m'apprit différentes respirations coordonnées pour régénérer les cellules les plus lointaines, les plus profondes de mon être. Cette nouvelle séance m'apporta une extraordinaire sensation de détente, de bien-être, malgré mes souffrances et mes démangeaisons de brûlée. Je regrettais toujours le moment où il me remettait en « état de veille » pour me rappeler à la réalité. Une réalité si dure à accepter et à supporter. Mais grâce à ces séances qui me laissaient toujours épuisée, les souvenirs pénibles de mon accident d'avion s'expulsaient petit à petit réellement de ma tête, de mon corps. Jean-Émile avait raison : pour l'instant, il fallait que toutes ces horribles images s'effacent, afin que je puisse me concentrer sur les autres contraintes qui me guettaient.

24

Les jours suivants s'écoulèrent à un rythme bien réglé entre mes désagréables douches, ma rééducation fatigante et les exténuantes séances de relaxation. La chaleur lourde et oppressante de ce mois d'août 1988 me perturbait malgré l'affectueuse présence de Pascal. Nous ne retrouvions le parc que dans la soirée. Le reste de l'après-midi, j'essayais de me reposer pendant que mon fils lisait. Mes plaies en cicatrisant me provoquaient des démangeaisons horribles et me rendaient presque folle. Une sorte d'agressivité me happait. Pascal, lui, était admirable de patience, de calme, de douceur.

Sans sa présence silencieuse, je me demande comment j'aurais accepté tant de souffrances, tant de bouleversements, tant de nouvelles contraintes. Pour me faire oublier mes luttes, il prenait des notes pour le journal que je tenais farouchement à écrire. Je les lui dictais car ma main et mes doigts supportaient difficilement de longues écritures, malgré les progrès acquis depuis Metz.

J'appris également avec l'aide des infirmières à soigner moi-même la partie brûlée de mon visage. Pas très facile! Je n'osais presque pas toucher mes greffes du front et de la joue. La pâleur de ma peau me faisait peur. Elle qui était habituée au maquillage! Lorsque je pensais à tous les soins, à toutes les pommades de beauté utilisés pour mon visage avant l'accident, j'avais les larmes aux yeux. Mais Marie-Claire et Sylvie me consolaient en me disant :

« Dans peu de temps, lorsque vous sortirez régulièrement dans le parc, votre peau retrouvera un joli teint naturel. Vos cils et vos lèvres pourront, eux, être maquillés *plus tard* sans problèmes. Vous voyez bien, nous non plus, nous ne portons pas de maquillage. »

Elles avaient raison, sans fard, elles étaient très mignonnes. Mais cela ne me consolait pas. Tout était remis à plus tard... pour moi. En ce qui concernait mes cheveux, c'était la même réponse :

« Ils repousseront plus beaux, plus brillants qu'avant. Pour cacher vos cheveux blancs, pas de difficultés. Vous ferez une couleur avec des produits très légers, pas trop dangereux pour votre cuir chevelu. Seulement, Gerda, il faudra attendre au moins huit à dix mois... pas avant. Ce sera pour plus tard! »

Au fond de moi, ces réponses se bousculaient en silence. Je comprenais parfaitement qu'il me fallait attendre, attendre, oui, toujours attendre, que le temps jouait pour les brûlés dans le bon sens, que la brûlure n'était pas une maladie, que dans une semaine, un mois, un an, deux ans, j'irais mieux, que les améliorations se poursuivraient dans les années suivantes. Mais l'apparence de ma féminité était tellement importante pour moi. Moi qui, pour un bouton avant le 26 juin 1988, pouvais faire « un monde »!

Être touchée au visage n'était pas toujours facile à accepter.

Mais en regardant autour de moi, j'éprouvai dès le début une profonde admiration pour les autres brûlées. Certaines portaient des traces terriblement visibles au visage. Je m'imaginais leur souffrance. Je savais que la plus cruelle réside dans le fait de ne pas se reconnaître dans le miroir. Je souffrais pour elles. Dieu m'avait épargné une telle épreuve. Par ma fenêtre, j'apercevais des jeunes gens paralysés, en voitures roulantes. Je ne pouvais que remercier Dieu de pouvoir marcher, être libre. De ne pas être une charge pour mon mari, ma famille, de pouvoir plus tard leur apporter encore beaucoup de bonheur. C'était vraiment le désir de gagner, l'espoir de vaincre qui me procuraient cette force incroyable. Le destin avait été tellement moins cruel pour moi. Je calmais mes tourments en me réjouissant d'être vivante ainsi que mon mari. L'un et l'autre, nous avions failli perdre la vie. Cette vie si précieuse pour laquelle je me battais quotidiennement avec mon fils pour avancer et acquérir des progrès si lents...

Le psychologue-sophrologue tenait à présent un rôle très important dans l'évolution de mon esprit. Car il m'expliquait que dans chaque épreuve il y a du positif. Il m'entraînait à tirer parti de celui-ci. À moi de rendre ma bataille utile pour transformer mon esprit forcément plus ouvert aux autres et à moi-même. Il m'aidait à me dépasser en stimulant mon énergie vers ce nouveau départ que Dieu m'avait permis de vivre. C'est dans ces moments de lutte intérieure contre toutes mes futures contraintes, les bouleversements de ma vie de femme qui me tenaillaient par leur intensité, leur négativité, que je m'accrochais éperdument à ma foi, aux miens, à ceux qui me soignaient le corps et l'esprit. *J'appris que le véritable amour est régénérant.* Cette découverte me soutint dans mon cheminement spirituel, dans mes relations avec les autres. Croire en des lendemains meilleurs était une pensée réconfortante et pleine d'espoir.

Ainsi l'évolution qui avait pris naissance dans la partie la plus intime de mon esprit à Metz continua progressivement au fil des mois à Sainte-Foy-l'Argentière. Elle s'affirma vraiment à mon retour dans le monde des bien-portants, ainsi qu'après mes nombreuses cures. Je peux même affirmer que mon équilibre psychique transforma totalement ma façon de vivre, de voir et d'aimer.

25

Samedi 27 août 1988. À une vingtaine de mètres de moi s'arrête une petite fille de onze ans aux yeux remplis de lumière et de larmes. Des larmes de peine et de joie. Elle n'attend qu'un signe pour se lancer dans mes bras. Sa main gauche serre celle de son père. Elle semble ne pas pouvoir, ni vouloir l'abandonner. Son autre main tient un humble paquet qu'elle plaque contre sa poitrine. Je comprends très bien le combat qui se passe à cet instant précis dans sa tête, dans son cœur d'enfant. Car elle découvre enfin celle qui, depuis plus de deux mois, l'a quittée le dimanche 26 juin 1988 alors qu'elle regardait la télévision. Devant elle se tient *une autre maman*, qui porte pourtant des vêtements familiers. Un ensemble écossais qu'elle reconnaît tout de suite. Son bras, son pied droit sont drôlement bandés. Elle ne retrouve plus le visage qu'elle aimait, aux cheveux mi-longs, blonds. Ils ont disparu. À leur place, trône un grand chapeau de paille rouge inconnu qui cache des pansements.

« Ma chérie, viens, c'est maman ! Viens dans mes bras, n'aie pas peur. Je suis bien là ! Je t'en supplie, viens dans mes bras ! »

Une, deux, trois... trois secondes d'hésitation qui me paraissent les plus éprouvantes, les plus longues depuis mon réveil à la vie. Puis enfin, un cri. Des yeux arrondis par la joie. Un petit corps qui se cabre pour s'élancer dans mes bras écartés en pleurant le mot le plus beau, le plus attendu :

« Maman ! »

À présent, Séverine ne retient plus ses larmes et ce sont des sanglots qui m'enveloppent. Elle se serre follement dans mes bras, plaquant ses pleurs contre ma poitrine, tenant toujours son petit paquet. Pour moi, plus rien ne compte ! Ni mes souffrances ni mes futures contraintes, ni mon apparence n'existent! Je ne suis plus qu'une maman, oui, une maman qui console calmement son enfant après un long chagrin en disant :

« Pleure, Séverine, touche-moi, sens-moi. C'est bien moi, maman, qui te tiens dans mes bras. Surtout pleure, verse toutes ces larmes qui te font si mal. Tu seras soulagée. Vas-y, ma chérie, ne te retiens pas! Je suis là! »

Peu à peu, son corps s'apaise et laisse échapper toute cette tension accumulée pendant des semaines. Je l'entends me dire en reniflant courageusement quelques instants après :

« Je... je t'apporte un cadeau... de la colonie! J'espère qu'il... te... te fera plaisir, maman. »

Ses yeux que j'essuie tendrement s'illuminent à présent en me voyant déchirer le papier qui cache son présent. Impatiente, les doigts tremblants, le cœur palpitant, je découvre un petit panier en osier blanc contenant un minuscule flacon d'eau de lavande. Son visage assouvi et détendu me sourit maintenant affectueusement en disant :

« Ça te plaît, maman?

– C'est adorable, ma chérie, il me servira à recueillir les timbres pour ma correspondance. Je te remercie du fond du cœur pour le parfum. Quelle gentille attention! Viens, ma nanou, on va vite rejoindre papa. Aujourd'hui, c'est un jour de fête, j'ai le droit de vous accompagner au restaurant! »

Main dans la main, nous nous dirigeons, heureuses, vers le petit groupe qui nous attend au loin. Une émotion intense brille dans les yeux radieux de mon mari, de mon fils et de ma belle-mère. Nous n'avons plus qu'une hâte, sortir au plus vite de cet hôpital pour nous retrouver, *rien qu'en famille,* avec Gérard et Guiguitte, nos amis fidèles qui nous attendent dans le restaurant du village voisin.

Hélas, mon enthousiasme est de courte durée. Je me rends compte qu'à chaque dépassement de voiture, une peur affreuse m'agresse. À l'évidence, le fait d'être en voiture me perturbe terriblement. À chaque virage, à chaque reprise de vitesse, mon angoisse augmente sensiblement. Mon esprit s'affole devant l'horrible sensation d'emprisonnement qui m'envahit de plus en plus. Mon imagination vagabonde... Des images de notre voiture tombant en chute libre pour flamber ensuite dans le ravin s'impriment visiblement dans mon cerveau. Je suis à nouveau prisonnière comme dans l'avion! Ma peur galopante explose d'un seul coup :

« Arrête-toi ! Fernand, je t'en supplie, je n'en peux plus. Arrête-toi immédiatement, j'ai trop peur ! »

La voiture stoppe, surprise, grinçante, sur le bas-côté d'un pré. Je m'élance hors du véhicule, éjectée par l'affolement qui fait frissonner mon corps de frayeur, de vertiges impressionnants. Une sueur froide imprègne mes pansements, mes vêtements. C'est tout simplement atroce. Heureusement, la voix rassurante de Fernand atténue cette sorte de crise de nerfs qui m'assaille.

« Calme-toi, ma chérie, je vais rouler plus doucement. Je comprends très bien ta peur. Ne t'inquiète pas... je suis là... »

Devant cette réaction inattendue, ma famille est complètement désemparée. Leurs regards malheureux ajoutent à mon tourment une sensation de culpabilité. Je serre les poings en priant, en implorant le ciel de me donner la force de remonter dans cette prison. Je ne dois en aucun cas gâcher cette première sortie et ce week-end en famille. Pensant vivement à Séverine, je me résigne à rejoindre ma place qui m'attend, insensible à mes craintes. C'est une rude épreuve, mais l'épuisement de mes forces n'a pas atteint ma volonté. Je n'oublie pas qu'en maîtrisant mes réactions, je peux surmonter tous les obstacles de cette attaque psychique. Jean-Émile m'en a donné la preuve, la veille de l'arrivée de Séverine. Il m'a fait futuriser pendant presque trois quarts d'heure la rencontre avec mon enfant par une analyse approfondie de mon « moi intérieur ». J'ai acquis, grâce à cette difficile séance, l'énorme maîtrise de mes réactions pour ces retrouvailles que je redoutais et attendais avec tant d'espoir et d'amour.

Mais le pire me guettait inexorablement quarante-huit heures après ! Comment parler de l'adieu déchirant que m'adressa cette petite main aimée le lundi ? Inimaginable, inexprimable, l'effondrement que je ressentis en voyant disparaître notre voiture à l'horizon. J'avais continuellement l'impression de voir le bras de Séverine s'agiter derrière la vitre arrière. Ce départ et cette nouvelle séparation qui déchiquetaient mon cœur de mère enflammèrent mon corps blessé et fatigué. La présence de Pascal fut à la minute même d'un prodigieux réconfort. Son bras protecteur entoura mes épaules d'une immense affection et une étonnante envie de continuer à lutter s'empara de mon être épuisé.

Peu à peu, ce souvenir éprouvant s'effaça au fil des jours grâce à mes surprenants progrès en rééducation. Je redoublai d'efforts pour montrer à mon fils que je ne renonçais pas. La pensée d'une prochaine permission avec mon mari fortifia ma volonté. Cette idée était pour moi une source de courage. Je travaillais d'arrache-pied de façon continue. Tous les après-midi sans interruption. Je recommençais inlassablement les mêmes gestes. L'attitude admirative de Jean-Louis, sa patience professionnelle et humaine me guidaient avec constance pendant ma rééducation du matin. Il me disait sans cesse :

« Soyez persévérante, Gerda, vos efforts n'en seront que mieux récompensés. »

Avec joie, avec émotion, je retrouvais petit à petit mes anciens gestes familiers. Je pouvais tenir à nouveau ma cuillère avec la main droite, mais la porter à ma bouche était difficile et douloureux. Mon ardente persévérance me permit d'effectuer des premières tentatives pour couper ma viande toute seule. Péniblement, doucement, tous les gestes revenaient. Ces progrès me donnaient un bonheur, un courage, une volonté immenses. Je ne pensais plus qu'à une seule chose : *travailler, posturer, bouger, plier, étirer* mes doigts et mon poignet pour qu'au prochain weekend, je puisse en faire la démonstration à mon mari. Progressivement, j'avançais dans mon tunnel, convaincue, confiante. Cela ajoutait du baume à mon cœur égratigné par le départ de Séverine.

26

Fièrement, calmement, je plantai la fourchette dans le morceau de viande que je venais de découper devant les yeux perplexes de Fernand. Son regard brillant d'étonnement accompagna le mouvement que mon coude et ma main effectuèrent pour le porter à ma bouche. Quelle minute merveilleuse! Devant sa franche et naturelle surprise, j'oubliai mes douleurs provoquées par ces efforts. Comme pour le convaincre de la réalité de la scène, je persévérai courageusement en lui disant le plus naturellement possible :

« Délicieux, ce faux-filet! Comme cette viande est tendre! »

Réveillé par ma réflexion, oubliant complètement les gens qui nous entouraient dans la sympathique auberge des Halles qui nous accueillait pour cette première soirée hors de l'hôpital, il tapa involontairement sur la table de ses poings serrés d'exaltation. Sa joie éclatait sur son visage, ses yeux pétillaient d'une satisfaction mêlée d'émotion.

« Formidable! Mais tu bouges ta main, ton coude? Pourquoi ne m'as-tu rien dit au téléphone hier soir? »

Avec ravissement, je lui répondis en portant mon verre à la bouche, avec ma main droite :

« C'est tout simple, je tenais à te faire une surprise. Tu es content de moi? Tu sais, ce n'est pas évident. D'ailleurs, chaque mouvement me fait très mal. Jean-Louis me dit que c'est normal. Mais je dois persévérer, m'habituer à ces douleurs qui resteront très longtemps. L'essentiel pourtant, c'est d'y être arrivée! Tu ne crois pas? »

Fernand exultait de fierté :

« Bien sûr que je suis content. Tu vois, je t'avais bien dit que tu y arriverais! »

La ferveur de ses yeux remplis d'amour et d'espoir fut le plus beau trophée de ce premier succès tant prié, tant travaillé, tant désiré...

27

Ne laissant guère à Jean-Émile le temps de s'installer, je me lançai dans un tourbillon incontrôlable de paroles. J'étais trop impatiente de lui raconter mon rêve de la veille.

« Parlez plus calmement, Gerda. Nous avons tout notre temps. Si ce rêve vous a tant troublée, essayez de n'en oublier aucun détail.

– Oh! Ce fut un rêve affreux. Les freins de la voiture que je conduisais avaient subitement lâché. Un mur s'approchait inexorablement de moi. Je n'ai pas pu l'éviter. Le choc fut atroce. Le plus horrible : la voiture prit feu. Je me vis brûler. J'éprouvai des brûlures, alors qu'au fond de moi je me répétais : *mais cela n'est pas possible, j'ai déjà brûlé une fois dans l'avion. Je ne peux donc pas brûler une deuxième fois dans cette voiture!* »

– Et maintenant, Gerda, qu'éprouvez-vous sur cette cuisse droite sur laquelle vous m'expliquez avoir une éruption d'innombrables boutons douloureux?

– Ils ne me démangent pas, ils ne me piquent pas, mais... ils brûlent... Oui, c'est exactement ce que je ressens... Ils me brûlent!

– Gerda, votre rêve vous a donné une première explication. Vous dites que vous vous êtes vue et sentie brûler. Avez-vous déjà entendu cette expression courante dans certaines régions : " Elle me donne des boutons "? En effet, une personne, un choc peut donner des boutons. Votre cuisse en est entièrement recouverte depuis dimanche matin! »

Je l'écoutai, ahurie de cette révélation, et poursuivis aussitôt :

« Effectivement, le samedi soir, après une formidable soirée passée avec mon mari au restaurant, nous avons dormi pour la première fois à l'hôtel. Enfin, disons plutôt une auberge. La chambre n'était pas trop accueillante. J'eus beaucoup de mal à accepter cet état de fait. La netteté du service des brûlés me manquait énormément. Malgré la joie de me retrouver enfin près de mon mari, à qui je n'osais rien dire, je ne me sentais pas du tout à mon aise dans cette chambre inconnue. En plus, toute la nuit, une crise d'asthme l'empêcha de dormir. Une vraie nuit blanche! Il respirait avec difficulté, toussait, se mouchait, éternuait. Vous savez, Jean-Émile, Fernand est allergique à la poussière. L'état de la chambre ne l'a donc pas épargné. Et moi? C'est exact que je n'ai pas cessé pendant toute la nuit de me faire du souci, de me réveiller pour surveiller sa crise.

« Dans la matinée, je remarquai sur le dessus de ma cuisse des plaques rougeâtres, alors que la veille elle était complètement cicatrisée. Dans la journée, cette rougeur se transforma en de minuscules boutons qui, peu à peu, suintèrent. Très inquiets, nous sommes rentrés à l'hôpital plus tôt que prévu. Les infirmières me bandèrent la cuisse, très surprises de cette poussée inexplicable. » " Vous avez dû vous gratter, Gerda, me dirent-elles. Ce n'est pas possible autrement. On vous avait pourtant toujours prévenue des tentations et des dangers! " Jean-Émile, je savais parfaitement que je ne m'étais pas grattée. J'acceptai donc en silence leurs remarques.

« L'apparition de ces boutons me rappelle *les pas en arrière* dont m'a parlé Jean-Louis. Mon Dieu, comme c'est pénible de les accepter! Moi qui croyais avoir gagné une autre étape avec la cicatrisation de cette cuisse, me voilà repartie pour une nouvelle attente... Attendre!!! En plus, ce soir, mon fils accompagnera son père pour retourner à Mulhouse. La rentrée des classes est dans les prochains jours. Vous vous rendez compte, Jean-Émile, comme je me sens perdue devant ces pas en arrière et le départ de Pascal? »

L'air pensif, comme plongé dans une pensée infinie, il me regarda soudain, les yeux brillants :

« Détendez-vous, Gerda. Nous allons travailler ensemble pour vous apprendre à dominer et accepter ces pas en arrière. Mais je vous connais à présent assez pour me permettre de vous dire que la puissance de Dieu est infinie. Faites-lui, faites-moi confiance. Ne vous laissez pas gagner par ces nouvelles épreuves qui ne peuvent que sculpter en vous une énergie nouvelle. Énergie qui vous permettra de continuer à vous battre! »

Je cachai mes yeux en pleurs avec ma main gauche et tentai de les essuyer d'un geste volontaire. J'inspirai à plusieurs reprises profondément... Je laissai tomber mon bras gauche le long de mon corps meurtri en disant d'une voix brisée :

« Vous avez raison, Jean-Émile, travaillons ensemble pour consolider mes forces. Ce soir, je veux embrasser et saluer mon fils en souriant. Je suis prête, vous pouvez commencer ! »

Cette séance de relaxation agit puissamment sur moi et je pus accompagner en souriant mes deux hommes jusqu'à la fameuse barrière blanche, le 5 septembre, vers 17 h 30. Au fond de moi, régnait une grande tristesse mais je la dominai parfaitement. Pascal allait me manquer, c'était certain. Mais grâce au téléphone, ce merveilleux lien tissé entre nous pendant ces dix semaines ne serait pas rompu. Et puis, je lui avais promis de ne pas craquer, de ne pas baisser les bras, de continuer... pour gagner d'autres victoires. Il me voulait courageuse et digne. Cette séparation, nous l'avions préparée depuis longtemps entre nous deux.

Jamais je n'oublierai toutes ces heures passées ensemble, main dans la main ! Il fut si patient, si prévenant, si courageux. Il m'aida tellement par sa présence à supporter mes atroces souffrances de brûlée ! Toutes ces heures de combat et d'amour resteront gravées à jamais dans mon cœur de mère.

28

Dans la petite pièce où mon « kiné » posturait tous les matins mes membres bloqués par les brides, j'avais l'impression d'étouffer ce matin-là.

Jean-Louis remarqua mon trouble. Il entrouvrit davantage le battant de la fenêtre en silence. Il comprit ma surprise devant la vue de la minerve et du gilet qu'on appelait *vêtement compressif*, posés sur la table de soins.

« Je voudrais que vous essayiez cette minerve pour me permettre d'en confectionner une autre si celle-ci n'est pas à la mesure de votre cou ! »

Mon cœur battit comme un tambour pendant qu'il m'expliquait que les boursouflures, les chéloïdes et les brides de mon cou ne pouvaient pas s'aplatir toutes seules. Je devrais porter cette compression dorénavant jour et nuit pour favoriser leur aplatissement.

« Combien de temps me faudra-t-il la porter ? murmurai-je paniquée.

– Je ne peux vous le dire ! Tout dépend de votre peau, de la profondeur de vos chéloïdes... et de votre persévérance. Gerda, enfilez également ce vêtement compressif en coton qui, malgré vos pansements et vos plaies, pourra à partir d'aujourd'hui entreprendre l'aplatissement de vos greffes. Il évitera la formation de cicatrices chéloïdiennes et le gonflement de votre peau brûlée. Ce vêtement sera remplacé toutes les semaines car une fois porté et lavé il s'étire très vite. On mettra également une sorte de mousse ferme et souple sur vos hypertrophies dès que la cicatrisation de vos plaies sera réelle. Mais n'oubliez jamais l'importance de ces compressions. Il faudra les porter et les garder jour et nuit. Dans douze à dix-huit mois, la peau se stabilisera. Ce n'est qu'à partir de ce moment-là que peu à peu vous pourrez espacer les compressions en les ôtant quelques heures par jour ! »

Je me retrouvai encore une fois dans une situation inimaginable de désespoir, d'impuissance et je me répétai : *des vêtements compressifs à porter sur toute la surface de mon corps pendant dix-huit mois ! Mon Dieu, quelle punition ! Est-ce possible ?*

En quelques minutes, Jean-Louis m'enfila avec beaucoup de précautions ce vêtement serré par-dessus la tête. Il m'emprisonna le buste jusqu'au cou ainsi que les deux bras. Il fit dépasser de sa poche deux gants qu'il glissa doucement sur mes mains brûlées. Il m'aida à enfiler une autre compression sur ma cuisse et mon pied droits. Jamais je n'oublierai l'immense détresse de cette nouvelle prison qui enserrait mon corps blessé. Affligée par cette horrible contrainte, je priai pour ne pas crier mon chagrin et ma colère. Je ne savais plus comment retenir ma tension devant l'accumulation des événements de ces dernières quarante-huit heures. En constatant à travers mes larmes que le buste n'avait pas de forme féminine, je ne pus m'empêcher d'exprimer ma révolte en proclamant avec vivacité et audace :

« Si je dois porter ce vêtement compressif, Jean-Louis, je voudrais que vous me le réalisiez avec des cônes pour mes seins ! Je tiens à ma pauvre poitrine déjà abîmée par les pansements, les bandages serrés de ces derniers mois. Si en plus je suis obligée de porter une pareille *armure* encore pendant des mois, eh bien, je refuse tout simplement. Je suis une femme... pas un homme ! »

Je refoulai mes larmes, ma hardiesse, essayant de dominer mon emportement. La réaction de mon « kiné » fut heureusement amicale et pleine de compassion :

« Bon, bon, je vais voir ce que je peux faire pour vous ! Je vous retrouve tout à l'heure. Il est préférable pour aujourd'hui que vous alliez vous reposer. Pendant ce temps, je vais vous confectionner un autre vêtement compressif pour votre buste, comme vous disiez... *une armure avec des seins.* »

Ce ne fut que plus tard, sur mon oreiller, que je pus enfin laisser échapper mon chagrin... Ma croix me pesait, ma famille me manquait, ma révolte grondait mais mes prières tempérèrent mon indignation momentanée.

29

« Je tiens absolument à voir le docteur Yves-Noël M. au sujet de mes boutons, pendant ma douche de cet après-midi. Je n'en peux plus. Je sens que je vais craquer. Je vous en supplie, aidez-moi ! Mes boutons depuis dimanche ne font que progresser et nous sommes déjà vendredi, soit six jours d'angoisse et de souffrance, sans aucune amélioration en vue ! Au contraire, cela s'aggrave et mes douleurs aussi... »

J'implorai avec détermination la permission de m'installer dans la salle de garde pour guetter le passage du docteur. Mon attente fut heureusement de courte durée. Une fois dépouillée de ma minerve, de mon gilet compressif orné de deux magnifiques seins en forme de cônes réalisés astucieusement par ce brave Jean-Louis, les compresses détachées de mes plaies, les infirmières appelèrent le docteur qui arriva quelques minutes après, accompagné d'un médecin de l'hôpital des brûlés Saint-Luc de Lyon, en visite à Sainte-Foy-l'Argentière.

Comment décrire mes sentiments en ce moment d'affolement où tant d'yeux observaient de tous les côtés ma cuisse écarlate et suintante, recouverte de centaines de boutons minuscules ? Je me sentais vide, perdue, une douleur tenace me provoquait des tremblements nerveux. Ma pudeur s'évanouit sous tous ces regards qui s'interrogeaient.

Le docteur Yves-Noël M. fit effectuer un prélèvement, proposa immédiatement des changements de pommade. Il ordonna tout de suite la douche afin que je puisse aller me reposer. Ses yeux humains avaient réalisé mon rude combat et ma grande fatigue.

30

« Regarde, Hermine ! Je peux me brosser les dents avec la main droite. Que je suis heureuse de tous ces progrès faits depuis ton arrivée ! Vite, aide-moi à m'habiller. Sortons dans le parc retrouver la fraîcheur de cette soirée d'été. »

Deux semaines étaient passées depuis l'éruption de ces fameux boutons. Au bout de sept jours de soins intensifs ils avaient enfin disparu. Quelle délivrance pour moi !

Ma sœur, arrivée le 11 septembre, apporta avec elle une bouffée de réconfort et de courage. Sa présence affectueuse combla le vide laissé par Pascal. Elle aussi fut formidable de patience, de tendresse, de soutien pendant ces trois semaines auprès de moi, au centre de Sainte-Foy-l'Argentière. Elle participa activement à mes progrès en rééducation, à l'acceptation de mes vêtements compressifs et de ma minerve. Elle m'aida à supporter l'épreuve de manger au service des brûlés. Du jour au lendemain, me retrouver en face de grandes souffrances pour manger était pénible et très éprouvant. Mais je n'avais pas le choix. Je devais me soumettre au règlement en quittant l'intimité de ma chambre.

Ce fut un apprentissage de plus dans mon comportement avec les autres. Je me trouvai confrontée à toutes sortes de mentalités, de nationalités. Ce fut pour moi la révélation de l'humilité. J'essayai avec beaucoup de courage, de volonté, de leur apporter par mon sourire et ma cordialité... un peu de chaleur humaine. Leurs regards étaient tellement vides et froids de solitude ! Car la souffrance les avait aigris et violentés au plus profond de leur personne. En étant chaque jour confrontée – à midi et le soir – à de tels regards, je réalisai la valeur que peuvent représenter un sourire et la chaleur d'un simple mot prononcé avec humanité. Dire que Jocelyne, Christophe, Martin, Mme B., Alain, Sophie, Roger, Robert, Rachida, Jean-Claire, sont devenus à la fin de mon séjour... mes compagnons! Ces visages de souffrance resteront à jamais gravés dans mon esprit. Car ils m'ont appris l'amitié vraie sans frontière, sans race, sans barrière de religion et d'éducation. Surtout Benoît, un grand brûlé du troisième degré à 92 %, un miraculé qui, par sa rage de vivre, sa force de lutter m'a énormément impressionnée. Son courage était admirable. Oui! Ils m'ont tous donné une leçon... une de plus.

Depuis une semaine, je pouvais circuler librement dans la bibliothèque, le kiosque, la salle de bricolage, le petit bar. Mes plaies cicatrisaient lentement, mes bandages diminuaient pour laisser la place à cette fameuse mousse dont parlait si souvent Jean-Louis et qui devait contribuer à l'aplatissement de mes boursouflures. Avec mes vêtements compressifs, je ressemblais à un joueur de hockey. La plus cruelle découverte fut celle de réaliser que ma peau en cicatrisant tirait. Elle me donnait la désagréable sensation de porter des vêtements extrêmement serrés. À chaque mouvement, ce tiraillement me provoquait des douleurs inconnues qui s'ajoutaient à mes habituelles souffrances de brûlée. Mes douches à la Bétadine furent remplacées par des douches à l'eau limpide additionnée d'un désinfectant moins piquant et moins douloureux.

Grâce à la sophrologie, je m'adaptais à presque toutes les circonstances. Mon esprit devenait plus souple et plus puissant pour supporter toutes ces souffrances. Il fallait de toute façon « accepter » pour être capable d'évoluer. Je suis même certaine que c'est cette acceptation qui m'a aidée à aller aussi loin dans mon combat.

C'est pourquoi ma joie fut grande, le vendredi 17 septembre et le dimanche 18 septembre 1988, de recevoir la visite inattendue de Nicole, ma fidèle vendeuse, et de sa petite famille, au retour de leurs vacances à Saint-Raphaël, ainsi que celle de Jean-Claude et Jeanine, des amis mulhousiens qui avaient fait le voyage pour passer le dimanche avec nous à Sainte-Foy-l'Argentière. Les appels téléphoniques réguliers de ma famille, de mes amis et connaissances ainsi que le courrier contribuaient à me remonter le moral. Tous ces témoignages d'amitié, si précieux, si réconfortants, me procuraient la force dont j'avais tant besoin pour m'accrocher. Oui, m'accrocher à cette nouvelle vie qui m'attendait patiemment dans un « autre monde »! Le monde des bien-portants que j'allais bientôt retrouver... puisque le docteur et Jean-Louis parlaient d'un probable retour entre le 3 et le 7 octobre 1988. C'est pourquoi, devinant l'importance que je portais à mon apparence physique, le docteur Yves-Noël M. m'accorda une permission spéciale pour aller chez un perruquier à Lyon.

31

Serrant fortement la main de Fernand, je pénétrai d'un pas décidé dans le magasin qui confectionnait et vendait des perruques. Ma gorge se serra, ma respiration se précipita à la vue de tous ces visages en cire qui souriaient d'un air figé en m'observant sous leurs perruques de toutes les tailles et de toutes les couleurs.

Délicatement, une petite vendeuse posa sur ma tête une chevelure blonde, coupée au carré. Horreur, je ressemblais à tout sauf à ce que j'étais avant l'accident! Remarquant mon désappointement, elle la remplaça aussitôt par une autre perruque, brune coupée court. Le résultat n'était pas meilleur car elle accentuait la pâleur de mon visage. D'un geste brutal, je l'arrachai de ma tête en disant avec conviction :

« Mademoiselle, excusez ma réaction, mais je préfère garder mon foulard noué en forme de bandeau sur la tête. Je ne me sens pas du tout à l'aise avec une perruque. J'ai l'impression d'être déguisée. On n'a qu'à m'accepter comme je suis. Mes cheveux en fin de compte repousseront! Ce n'est qu'une question de mois et de patience. Vous ne croyez pas que j'ai raison? »

La jeune femme parut perplexe devant ma détermination. Elle s'exclama d'une voix affirmative :

« Bien sûr, madame, vous avez raison. Il est certain qu'une perruque aurait facilité votre attente, mais je dois avouer que votre raisonnement est juste. Je ne peux que vous féliciter pour votre décision. Je vous souhaite bon courage. »

Émue jusqu'aux larmes par ces mots d'encouragement, je poussai la porte et respirai avec soulagement. À présent, je n'avais qu'une hâte, trouver au plus vite une pharmacie.

« Pour quoi faire, questionna Fernand, tu te sens mal?

– Une pharmacie, il me faut absolument une pharmacie! »

Il ne comprit rien à mon attitude agitée, à mon insistance. Je fonçai dans la foule à la recherche d'une croix verte, ignorant les regards des curieux... J'en découvris une tout de suite. Entraînant vivement mon mari par la main, je demandai d'une voix joyeuse :

« Mademoiselle, je voudrais un vernis, un rouge à lèvres couleur fuchsia, ainsi qu'un Ricil anti-allergique noir, s'il vous plaît! »

Fernand paya machinalement, sans rien comprendre à ces étonnants achats. Il me rejoignit devant le miroir du coin de la pharmacie en me regardant, stupéfait. Mon exubérante gaieté le réjouissait visiblement.

« Regarde mes cils, lui dis-je, mais regarde donc comme ils ont repoussé! Ils sont encore plus longs, plus épais qu'avant. Fernand, mon chéri, c'est un cadeau du ciel... Tout à l'heure chez le perruquier, je me suis rendu compte à quel point ils s'étaient allongés. Tu sais, à l'hôpital, je ne me regarde jamais vraiment dans le miroir de la salle de bains. D'ailleurs, j'évite toujours de m'attarder devant. Je suis folle de joie! Et puis rien ne m'empêche de mettre du vernis, mes ongles ne sont pas brûlés. Je garde le rouge à lèvres pour plus tard. »

Ma joie communicative atteignit en plein fouet le visage de Fernand qui s'illumina d'un grand éclat de rire. Il réalisait lui aussi ma fantastique découverte :

« Tu vois, ma chérie, avec le temps tout arrive. Que je suis heureux! »

Encouragés par cette nouvelle découverte, nous retournâmes en fin d'après-midi au centre de Sainte-Foy-l'Argentière, le cœur joyeux et plein d'espérance.

32

« Alors, la journée d'hier à Lyon avec votre mari s'est-elle bien passée ? D'après votre sourire... oui ! Mais où est donc la perruque ? Oh ! mais vous avez maquillé vos cils et vos ongles. Ma parole, qu'elle est belle ! »

En quelques mots, débordante de joie, je racontai à Jean-Louis les exploits de ce lundi 19 septembre, de ce premier contact avec un monde presque oublié, de ma décision de ne pas porter de perruque ainsi que de la fabuleuse découverte au sujet de mes cils. Jean-Louis m'écouta attentivement et en silence pendant toute la séance de rééducation. Je remarquai peu à peu son air troublé, presque gêné... Cette impression me donna une vague appréhension qui ne tarda pas à se concrétiser :

« Gerda, annonça-t-il, vous avez certainement remarqué les rougeurs importantes du côté brûlé de votre visage ainsi que l'épaississement de vos greffes ? Ces signes sont alarmants. Il faut malheureusement envisager de porter une compression ! Je le regrette. Vous savez parfaitement que j'aurais préféré vous éviter une telle contrainte... Je suis sincèrement désolé. »

Ma joie se brisa à la seconde même. Une sueur d'effroi glissa dans mon dos. Je frissonnai. Mon sang, désorienté, se glaça dans mes veines. Mes pensées s'envolèrent, mes forces m'abandonnèrent. J'avais la sensation atroce que tout mon corps s'enfonçait dans le lit de soins sur lequel Jean-Louis me posturait. Je plaquai ma main gauche sur ma bouche pour ne pas hurler ma colère, mon indignation. Mes yeux se fermèrent comme pour s'abriter devant cette injustice. Oui ! Cette contrainte que je redoutais, que j'appréhendais, allait donc se réaliser. Mon visage n'échappait donc pas à ce que je craignais le plus depuis mon arrivée à Sainte-Foy-l'Argentière : *être obligée de porter un masque, subir une pareille torture psychique, presque inhumaine...* J'étais révoltée!

« Ça va, Gerda? Vous vous sentez bien? Vous êtes toute blanche! Répondez-moi. Vous savez pourtant que je veux la guérison de votre visage. Le résultat sera d'autant meilleur si l'action est possible précocement. Plus vite nous agirons par un port assidu, plus rapides et plus importants seront les progrès. Vous m'avez toujours fait comprendre que vous feriez n'importe quoi pour votre visage! Eh bien, Gerda, c'est le moment de le prouver, de décider si oui ou non vous acceptez cette contrainte. »

En proie à une émotion paralysante, je ne pouvais prononcer une parole. Ma mémoire était encore encombrée des souvenirs heureux de la veille. Je finis par lancer un appel au secours qui s'étrangla au fond de ma poitrine. Des larmes amères s'échappèrent de mes paupières tremblantes.

« Je le savais... je le savais... Mon Dieu! »

J'inspirai plusieurs fois avec courage. Je tentai de dominer l'atrocité de cette nouvelle en regardant Jean-Louis. Mes yeux pleuraient. Mes mots sortirent avec peine :

« C'est vrai, Jean-Louis, je suis prête à tout accepter pour retrouver mon visage. Aidez-moi. Dites-moi ce que je dois faire.

– Tout d'abord, vous reposer! Ensuite, demain après-midi après le massage que vous fera Maryline B., notre masseuse-kinésithérapeute aux doigts de fée, j'exécuterai un positif. Après les empreintes, je déciderai de la forme de ce masque qui, pour le moment, ne devra comprimer que la partie brûlée. Vous le porterez jour et nuit et ne l'enlèverez que pour les repas. Plus vous le porterez, plus vite vous vous y habituerez. Courage, vous êtes à présent dans le passage le plus verglacé de votre tunnel. Mais je vous connais... vous y arriverez. Courage, Gerda. À demain après-midi. »

Je retrouvai ma chambre, complètement épuisée par cette nouvelle épreuve. Heureusement, la présence rayonnante et affectueuse de ma sœur m'apporta l'apaisement dont mon esprit avait besoin pour affronter cette future contrainte. Jocelyne participa avec sincérité à mon chagrin en ne disant que des paroles bienveillantes qui m'encouragèrent énormément car je l'admirais beaucoup...

33

Trois jours plus tard, Maryline me fit le premier massage crânien. La douceur et la précision de ses doigts qui endormaient presque modérèrent mon énervement, mes angoisses. Je n'oublierai jamais ces « doigts de fée », ni son sourire qui m'encourageait à chacune de nos rencontres. C'est elle qui devait à présent s'occuper des massages de mon cou et de mon visage.

Vers 14 h 30, dans la petite salle de travail, Jean-Louis enduisit mon visage d'une couche protectrice de vaseline. L'empreinte fut relevée à l'aide de bandes plâtrées, le plâtre étant choisi pour sa facilité, sa rapidité de séchage et de mise en œuvre. La première couche, fine, assurait la précision du moulage. Puis une seconde, plus épaisse, renforçait le tout. Assisté par Maryline, mon « kiné » m'expliqua que ce conformateur facial était plus qu'une simple compression. Comme un masque, ce conformateur était appliqué sur le visage; un plastique thermoformable rigide était l'élément de référence contre lequel allait se conformer le visage; le système de sangle était l'élément moteur de l'intensité et de l'orientation des forces appliquées; un cuir souple sous la forme d'une peau de poulain chromée jouait le rôle d'interface de confort.

Ses paroles et le son de sa voix me berçaient. Je plaçai alors mon esprit dans un état de relâchement total pour faciliter la détente de mes muscles. Je devais à tout prix supporter, surmonter cette pénible sensation d'affolement qui me harcelait pendant le séchage du plâtre sur mon visage. Je ne pouvais respirer que par deux minuscules trous correspondant à mes narines. L'odeur du plâtre mouillé inondait mon cerveau, mais je me dominais grâce à l'expérience acquise par mes dix semaines de travail en relaxation.

Ce n'est qu'au matin du 23 septembre que Jean-Louis me fit essayer le conformateur flambant neuf, recouvert de peau de poulain, relié par plusieurs sangles. Il me les ajusta directement sur le visage, à l'endroit qui devait comprimer la partie brûlée. Comment exprimer, comment expliquer ce qui filtrait en mon cœur au moment où mon brave « kiné » s'exclama avec satisfaction :

« Voilà, Gerda, c'est terminé ! Je suis content de votre coopération qui a été parfaite. Ce conformateur est vraiment réussi. Je suis enchanté. Il va bien modeler votre côté brûlé en aplatissant vos greffes. Dans trois ou quatre mois, vous verrez les premiers résultats, les rougeurs vont disparaître. Il faudra bien surveiller l'évolution de vos hypertrophies. À vous de jouer maintenant par votre persévérance, votre patience et votre fidélité au port de ce conformateur ! »

Devant le contentement de Jean-Louis, je ne pus que me taire et me soumettre. Je n'avais de toute façon pas le choix. Encore une fois, au fond de mon cœur, une question restait sans réponse qui me harcelait pourtant vivement mais que je n'osais formuler : « COMBIEN DE TEMPS ? »

S'il m'avait dit à ce moment-là que cela serait si long et si contraignant, je n'aurais sans aucun doute pas accepté cet ordre avec autant de témérité.

Il fallait à présent que j'apprenne à galvaniser toute mon énergie vers la pensée positive que cette nouvelle contrainte était nécessaire, utile pour la guérison de mon visage. Malgré moi, je n'arrivais plus à contrôler le tumulte de mes sentiments qui embrouillaient mon esprit fatigué. Mes attentes, mes angoisses, mes appréhensions, mes luttes, mes espoirs formaient une confusion qui m'épuisait totalement. Je ne pensais plus qu'à :

– la cicatrisation de mes plaies que j'attendais avec acharnement ;

– la rééducation qui me permettrait de retrouver l'usage de ma main, de mon bras, de mon épaule et que je devais continuer journalièrement pendant des mois ;

– la constatation angoissante, lancinante que la plaie de mon coude ne voulait absolument pas se refermer et craquait à chaque mouvement ;

– la contrainte affligeante de porter jour et nuit un conformateur sur le visage, une minerve autour du cou pendant des mois et des années, la contrainte désagréable de me sentir prisonnière de vêtements compressifs qui allaient, dès la guérison du coude, être remplacés par d'autres vêtements confectionnés sur mesure, plus efficaces, plus serrés, avec des fermetures éclair... et qui devaient être portés pendant dix-huit à vingt-quatre mois;

– la douleur irradiante, insupportable du tiraillement continuel de ma peau brûlée et greffée;

– mon affliction devant la repousse lente et blanche de mes cheveux;

– mon désappointement devant l'annonce des mes futures cures à La Roche-Posay, deux par an à six mois d'intervalle pendant trois ans, puis une cure par an pour les années à venir;

– ma peur devant la transformation de ma vie de femme, d'épouse et de mère;

– l'empêchement de passer des vacances dans des pays lointains (puisque je ne prendrais plus jamais l'avion), au soleil, à la mer, au bord d'une piscine avec les miens;

– l'impossibilité de ne plus pouvoir m'habiller comme avant, vivre comme avant!

Mon Dieu, comme je trouvais ces sacrifices difficiles! Mais l'essentiel était de vivre... et de me dire qu'il y avait pire! Aussi, il fallait continuer à lutter pour avancer.

Toutes ces réflexions me poursuivaient sans répit. Mon apparence physique me torturait, me perturbait l'esprit sans pitié. Impuissante devant ce déchaînement qui faisait rage en moi, je sentais s'installer une sorte d'anxiété qui me désarmait impitoyablement. L'arrivée de Jean-Émile tempérait mon déséquilibre car il avait conscience de tous mes tourments. Il réalisait parfaitement mon combat intérieur contre l'appréhension de mon retour dans le monde des bien-portants. C'était un combat profond. Je le comparais à un océan dont le flux et le reflux des vagues représentaient mes sentiments intimes bouleversés! Aussi, encore une fois, je m'accrochai corps et âme, avec un désir ardent, à ma foi. Mon sophrologue entraînait mon esprit à accepter toutes ces futures contraintes ainsi que le retour dans le monde des bien-portants!

Avec du recul, comme toujours, je me rends compte que c'est grâce à ma foi que je ne fus pas entraînée par la force de mes vagues intérieures qui n'espéraient qu'une chose : m'engloutir, me noyer!...

34

« Au revoir, petite sœur, sois bien courageuse. Jeudi, nous reviendrons te chercher ! Au revoir, Gerda ! »

Le timbre joyeux de la voix d'Hermine dissimulait mal la grande tristesse qu'elle n'arrivait pas à cacher en s'installant à côté de sa fille, au volant de sa petite 205. Ses yeux parlaient pour elle... Ils contenaient le souvenir inoubliable de ces vingt et un jours passés ensemble. Après avoir côtoyé tant de multiples souffrances, celles des autres ainsi que la mienne, après m'avoir épaulée, soutenue dans tant de moments de solitude, de larmes, d'attente et d'espoir, ils ne pouvaient qu'être transformés, « eux aussi » ! L'arrivée imprévue d'Annick, sa fille, fut pour elle, pour moi, une source de joie intense. Elle avait l'âge de mon fils et la gaieté heureuse de la jeunesse. Sa présence ainsi que celle de Fernand transformèrent ce dernier week-end à Sainte-Foy-l'Argentière en une vraie fête. Le sympathique couple de la petite auberge des Halles qui nous accueillait régulièrement participa à nos heureux et bruyants projets d'avenir.

En voyant les deux voitures s'éloigner hors de ma vue, mon cœur tressaillit de joie au souvenir brûlant de leur merveilleuse présence. Une grande paix mêlée d'un élan d'espoir remplissait à présent mon esprit qui se réjouissait de cette solitude momentanée. J'aspirais follement à cet isolement pour puiser dans la méditation la force de me préparer à mon départ du centre médical de Sainte-Foy-l'Argentière. Oui, j'avais au fond de moi un immense besoin de solitude pour faire le point sur ce passage difficile de ma vie. Je conservai donc précieusement, jalousement, ces quatre dernières nuits, ces trois derniers jours afin de retrouver, grâce à ma foi, à ma rage de vaincre, toute la tranquillité dont mon âme avait besoin pour rester sereine.

Le soir même, pendant que le suintement rouge du ciel à l'horizon me plongeait dans une atmosphère de paix, de confiance, je savourai les lignes d'un petit ouvrage envoyé amicalement par Geneviève. Je méditai et analysai certaines phrases. Elles me bouleversèrent car elles m'apportèrent la réponse à toutes les transformations que je sentais naître en moi depuis quelques semaines. Entre autres, ce chapitre qui me frappa le cœur :

« De même, la pierre qui semble immobiliser et paralyser Jésus dans mon âme ne peut être enlevée que par un tremblement de terre, c'est-à-dire par une violente catastrophe intérieure, par un changement radical et total. Il faut qu'une secousse fulgurante m'ébranle. Jésus ne ressuscite en moi que si celui que j'étais cesse d'être, faisant place à l'homme nouveau. Non une retouche, une mise au point, mais une mort et une naissance ! »

Sublime passage à méditer. Ce livre religieux [1] devint mon livre de chevet préféré à partir de ce jour ainsi que durant les premiers mois de mon retour. J'y trouvai constamment un mot, une phrase, un réconfort dont ma spiritualité avait tant besoin, pendant mes heures de désespoir, de lutte. Pour souffrir, pour endurer ma croix avec constance, avec persévérance.

1. Un moine de l'Église d'Orient : *Jésus, simples regards sur le Sauveur*, Éd. de Chevetogne, 1976.

35

« Vous verrez, Gerda, ces douches filiformes sont extraordinaires par leur efficacité. Elles assoupliront votre peau. Elles procureront une meilleure vascularisation. Elle diminueront surtout les démangeaisons, les picotements dont vous souffrez actuellement. La pression de ces jets varie entre 15 et 18 kg par cm^2. D'accord, ce n'est pas une partie de plaisir, mais il faudra vous habituer à cette douleur puisque vous la retrouverez, la vivrez pendant vos futures cures. Je pense que ces douches vous seront bénéfiques avant votre départ. Allez, Gerda, tenez bon, c'est bientôt terminé, encore quelques minutes. »

Frissonnante devant la puissance du jet qui me frappait la peau en ce lundi matin, je serrai les dents. Du moment que Jean-Louis parlait de progrès! J'acceptai cette nouvelle découverte douloureuse en priant que les minutes passent plus vite.

« Zut! Ce n'est pas vrai, je crois que votre peau a craqué à l'épaule. Je suis navré, Gerda, mais il vaut mieux qu'elle cède maintenant. C'est la preuve qu'elle n'est pas entièrement cicatrisée. »

Soulevant hâtivement ses lunettes embuées de vapeur, les yeux chargés de peine, Jean-Louis examina minutieusement mon corps pour découvrir d'un air contrarié d'autres ouvertures imprévues. Comme pour le consoler, pour me donner une contenance, je m'exclamai vaillamment :

« Ce n'est pas grave, Jean-Louis. J'espère seulement que mon départ ne sera pas retardé. L'essentiel pour moi est de pouvoir partir jeudi! »

Soudain, je réalisai ce qui m'arrivait! Une vague énorme d'angoisse me noya sans pitié pendant que des tremblements nerveux s'emparaient brutalement de mon corps. Malgré toute ma volonté, je frémis devant l'apparition de ces nouvelles plaies qui allaient mettre à nouveau un temps fou pour cicatriser!

« Bien sûr, Gerda. Vous pourrez rentrer jeudi comme prévu. Seulement, il faudra prévenir votre mari afin que vous ayez une infirmière qui vienne soigner vos plaies à domicile. Ne vous inquiétez pas, tout se passera bien. À demain! »

Ce n'est qu'une fois dans ma chambre que mon chagrin put enfin s'échapper devant la réalité de cette nouvelle épreuve. Pour dominer mes inquiétudes, je m'imaginai les visages souriants de Fernand et de mes chers enfants. Par bonheur, le téléphone sonna miraculeusement au même moment! La voix rassurante de mon mari apaisa mon affliction. La conversation téléphonique m'incita même à espérer avec encore plus de courage et d'ardeur puisque Fernand allait contacter des infirmières pour me soigner à mon retour.

Hélas, les douches du mardi 4 octobre et du mercredi 5 octobre provoquèrent des ouvertures inévitables. Avec effroi, je vis les pansements recouvrir à nouveau mon pied, mon bras et mon épaule. Sans les deux dernières séances en sophrologie qui m'apportèrent l'énergie nécessaire pour accepter ces nouveaux « pas en arrière », je n'aurais pas pu assumer mes craintes devant l'incertitude des futurs lendemains. Des lendemains que j'espérais avec une telle impatience et une telle hésitation! Au fond de moi renaissait la même sensation de déracinement, éprouvée en quittant le service des brûlés de Metz. Mais je devais absolument résister à ce sentiment qui essayait de me déséquilibrer. Pour mon mari, mes enfants, pour moi-même, je devais continuer à me battre.

La veille de mon départ, je proposai amicalement à mes camarades brûlés de me rejoindre après le dîner à l'église du centre, pour les derniers au revoir et adieu...

En entrant le soir même dans ce lieu de prière, mon cœur se serra de joie en apercevant que huit de mes compagnons d'infortune m'y attendaient. Quel bonheur d'écouter ensemble les magnifiques chants grégoriens que Jean-Claire, un jeune paraplégique, mettait sur sa radiocassette.

Cette merveilleuse musique unit à ce moment-là nos âmes dans un profond recueillement. Au fond de moi, j'éprouvai une émotion intense : les voir ainsi autour de l'autel, chacun avec sa croix, sa nationalité, sa morale, sa conviction, fut une inoubliable image d'amitié et d'amour.

Vraiment, je ne pourrai jamais oublier ce que je ressentis devant la présence de mes compagnons de souffrance, dans l'église du centre médical de Sainte-Foy-l'Argentière... que je quittai le matin du 6 octobre 1988...

RETOUR DANS
LE MONDE DES BIEN-PORTANTS

36

Le vendredi, je vis arriver le nouveau kinésithérapeute. Il enjamba deux par deux les marches de l'escalier qui accédait à la porte d'entrée de la maison. Son sympathique et lumineux sourire m'inspira immédiatement de la confiance et de l'amitié. Daniel Z. allait venir tous les jours à mon domicile pour continuer les postures. Je lui expliquai les massages, selon les conseils de Jean-Louis, le « kiné » de Sainte-Foy-l'Argentière. Daniel effectua cette dure et lente rééducation avec beaucoup de cœur et d'humanité jusqu'au 25 janvier 1989. Ainsi, tout au long de nos rencontres, je pus extérioriser la joie que contenait mon cœur depuis mon retour à la maison.

J'avais en effet retrouvé les miens avec bonheur. Mon « chez-moi » ressemblait à une serre pleine de fleurs, de tendresse, que je savourais avec extase à chaque instant. Pendant les premiers jours, mon esprit s'étourdit de ces retrouvailles qui retentissaient gaiement autour de moi. Entraînée par le tourbillon des appels téléphoniques, des visites, des envois de fleurs et d'innombrables marques d'amitié, je ne savais plus où donner de la tête. Mais ma tête, mon corps commençaient à se fatiguer devant tout ce débordement d'amour et d'amitié.

Une fois ce tumulte passé, la vérité pointa tout doucement son nez pour me rappeler à la réalité. Je dus malheureusement me rendre à l'évidence : je ne pouvais plus faire et être comme avant l'accident. Malgré tout le dévouement de ceux qui me soignaient à domicile, je sentis naître au fond de moi une incontrôlable sensation d'abandon, de solitude. Le service des brûlés de Sainte-Foy-l'Argentière me manquait terriblement. Sans l'encouragement affectueux des miens, je n'aurais sans aucun doute pas accepté avec autant de courage un tel sentiment d'abandon.

Devant mes souffrances quotidiennes, mon incapacité d'effectuer mes anciens gestes familiers, il me fallut une fois encore me soumettre à la désagréable obligation d'être toujours dépendante de quelqu'un. Pour m'habiller, me laver, me conduire en voiture, pour la réalisation de simples travaux ménagers et la préparation des repas. Heureusement, ma sœur Hermine m'épaula dans cette épreuve par sa présence quotidienne. Je lui dissimulai maintes fois mes larmes devant cette contrainte qui me perturbait de plus en plus.

Aussi, je mis toute ma persévérance et mon espoir dans la rééducation, sachant qu'elle seule pouvait me rendre la liberté. Daniel, le « kiné », avait tout de suite compris combien je devais souffrir, pour gagner chaque jour des millimètres dans l'étirement de mes brides du cou, de l'épaule et du bras. Ses encouragements et sa bonne humeur contribuaient à ma progression. Au fil des semaines, j'employai toute mon énergie à combattre farouchement le temps.

Oui, le temps paraissait si long! En outre, les plaies ouvertes par les quatre douches filiformes ne voulaient pas cicatriser. Au contraire, elles s'étalaient et me faisaient souffrir. Mon pied, mon avant-bras et mon coude ressemblaient à un vrai champ de bataille. Notre ami le docteur Bernard K., les infirmières Mme E. et Mme K. qui se relayaient tous les deux jours pour changer mes pansements étaient d'ailleurs aussi désolés que moi devant la progression et l'étendue de mes plaies qu'ils n'avaient pas l'habitude de soigner. À partir de ce moment-là, je sentis grandir dans mon esprit un abandon impossible à dominer... C'est pourquoi, déprimée, je téléphonai au mois de novembre 1988 au médecin du centre médical de Sainte-Foy-l'Argentière pour lui exposer mes craintes et mon désespoir. Il me proposa sans hésitation d'effectuer un aller-retour pour me donner des soins compétents et des conseils plus précis. Le voyage se fit dans les jours suivants.

Ma joie de retrouver le service des brûlés fut sincère malgré mes souffrances et la fatigue du voyage. Je me sentis rassurée par les précieuses recommandations du docteur Yves-Noël M., des « kinés » et de l'équipe des infirmières. Je les revis avec bonheur et soulagement. Je me rendais compte combien cette ambiance sécurisante me manquait. J'osai enfin avouer cette atroce sensation d'abandon, éprouvée depuis mon retour à Mulhouse. Calmée, apaisée, je les quittai en espérant de toutes mes forces une cicatrisation plus active.

Hélas, mon enthousiasme fut de courte durée car au fil des jours mes plaies s'étendirent impitoyablement. Encore une fois, j'appelai, inquiète, bouleversée, le service des brûlés du centre médical. Le brave docteur Yves-Noël M. me conseilla vivement un prélèvement d'urgence. Cette opération rapide et concluante fut réalisée par le docteur Bernard K. qui découvrit grâce aux résultats de l'analyse le microbe qui régnait sur mes champs de bataille : c'était tout simplement le staphylocoque blanc. Ce coupable, moins dangereux que le staphylocoque doré, contre lequel j'avais lutté au centre des brûlés de Metz, empêchait toute forme de cicatrisation ! Nous fûmes tous soulagés par cette révélation. Sur les recommandations du docteur du centre médical de Sainte-Foy-l'Argentière, je pris rendez-vous une fois par semaine avec son ancien assistant, le sympathique docteur Claude B., du Centre de réadaptation de Mulhouse, pour un contrôle de mes plaies. Lentement elles cicatrisèrent, grâce au tulle gras à la Bétadine.

Fin décembre 1988, je poussai mes premiers cris de victoire. Mon mari et le docteur Bernard K. participèrent à ma grande joie. Elle me soulagea de la tension accumulée au fil de tous ces longs mois d'attente et de souffrance. Mon bonheur de voir les pansements diminuer me donna un nouvel élan de courage.

Une seule ombre gâchait mon exaltation : c'était mon coude. Il était toujours ouvert depuis le 26 juin 1988... Il ne voulait pas guérir et craquait à chaque flexion de bras. Le 17 janvier 1989, j'entrepris avec mon mari un second voyage en direction de Sainte-Foy-l'Argentière pour trois jours de soins : il me fallait un nouveau conformateur pour mon visage et montrer mon coude rebelle. Séjour pénible et triste puisque Jean-Louis était parti au Canada ! Maryline et Serge me confectionnèrent à sa place un nouveau conformateur. Ils prirent également mes mesures pour mes futurs vêtements compressifs, soit deux gants, un caleçon long, un gilet court à manches longues, avec fermetures éclair. Pénibles contraintes que je devais supporter dès la guérison de mon coude. La gentillesse du docteur, de l'équipe du service des brûlés m'apporta beaucoup de réconfort pendant ces trois jours de tension. Pour moi, ce qui comptait avant tout, c'était la réussite du nouveau conformateur. Il devait d'urgence comprimer la partie brûlée et greffée de mon visage. Au moment des fêtes de Noël en effet, j'avais découvert avec horreur des boursouflures impressionnantes sur le bas de ma joue brûlée au troisième degré et non greffée, provoquées par le gonflement d'un surplus de peau. Je réalisai avec effroi que six mois après, les « hypertrophies » dont Jean-Louis m'avait annoncé l'éventuelle apparition faisaient réellement irruption ! Cruelle angoisse, mêlée d'une crainte mal définie à la pensée qu'il me faudrait patienter des années avant leur disparition.

Le docteur Yves-Noël M. m'apaisa gentiment. Il m'expliqua l'efficacité des cures et l'importance du port fidèle du conformateur et des compressions. Je les gardais impérativement jour et nuit, les retirant uniquement pour ma toilette et mes massages journaliers. Il me parla également de la persévérance du port de ma minerve. Je la portais jour et nuit autour de mon cou (onze mois). Astreignantes contraintes que je subissais vingt-trois heures sur vingt-quatre en tout. Avec diplomatie, le docteur me calma et tempéra mon angoisse devant toutes ces contraintes, toutes ces transformations qui m'effrayaient et me paniquaient. Mais face à l'imposante lésion infectée de mon coude, il ne put s'empêcher de s'exclamer avec réserve :

« Ce coude est tellement vilain qu'il faudra malheureusement envisager une greffe s'il ne se referme pas dans les trois semaines à venir. Le centre de cette plaie est le siège d'une exubérance de tissu conjonctif. Il faut absolument l'enlever. Je vous fais dès aujourd'hui le traitement à la Trypsine [1]. Vous le poursuivrez chez vous jusqu'à ce que le fond de la plaie soit bien rouge. Une bonne scarification autour de cette lésion me semble vraiment nécessaire. Si dans quinze jours, vous n'avez obtenu aucun résultat, il faudra greffer, coude fléchi ! »

Je retins avec force mes larmes devant cette déclaration accablante qui me frappait douloureusement le corps et l'esprit. Le docteur poursuivit :

« J'espère que votre coude va cicatriser avant votre première cure. Sinon, il faudra que je la repousse une deuxième fois. Vous n'avez pas de chance. D'abord, vos plaies se sont éternisées et à cause d'elles vous n'avez pas pu partir à La Roche-Posay début janvier, et maintenant ce stupide coude qui nous en fait voir de toutes les couleurs. Mais tout devrait s'arranger... avec un peu de chance ! Courage ! »

Devant cette incertitude oppressante, je sentis mon énergie coutumière m'abandonner doucement. Pendant tout le voyage

---

1. La Trypsine : produit servant à éliminer les tissus nécrosés.

du retour, des pensées morbides m'assaillirent continuellement. Je ne voyais que les mêmes mots. Ils s'imprimaient et s'effaçaient en zigzaguant sur le tableau noir de mon cerveau, affolé par une telle situation : *GREFFE = prise de greffe = hospitalisation = cicatrisation du coude fléchi = arrêt de la rééducation = impossibilité d'utiliser ma main et mon bras droit = empêchement de porter mes futurs vêtements compressifs de Médical Z, plus efficaces (qui devaient bientôt arriver) = retard de cure = VIVRE DANS L'ATTENTE DE CE QUE LES LENDEMAINS FUTURS M'APPORTERAIENT !*

Ces angoisses s'intensifièrent au fil des jours avec mes habituelles souffrances de brûlée. Le romancier Émile Zola a certainement lui aussi ressenti très profondément ces maux puisqu'il écrit : « *L'attente devint insupportable, l'espérance redoublait l'angoisse !* » Comme c'était vrai ! Irrésistiblement, je plongeai dans un engrenage de circonstances angoissantes. Je les ressentis inexorablement au fond de moi. Dès mon retour à Mulhouse cependant, une pulsion, une force mystérieuse me poussa à prendre des initiatives imprévues.

37

Le « kiné » ne comprit en aucune manière pour quelles raisons je lui demandai, deux jours après mon voyage, de ne plus venir pratiquer ma rééducation à domicile. Mon esprit était tellement troublé que je ne supportais plus la pensée d'être soignée à domicile. Il fallait à tout prix me venger de mes désillusions, me prouver qu'au fond de moi restait encore assez d'énergie pour entreprendre des pas en avant. Des pas « dont moi toute seule » choisirais la direction. Je devais, malgré toute l'amitié et l'estime que je lui portais, oser progresser dans mon évolution.

Cette résolution bouleversa mes habitudes mais je tenais à extorquer, à arracher des progrès supplémentaires, malgré mon abattement momentané. M'obliger à prendre la voiture, rouler toute seule m'enhardit dans mes efforts obtenus avec le psychologue-sophrologue de Sainte-Foy-l'Argentière. En agissant ainsi, je reprenais de l'assurance, de la confiance en ma propre force. Je me prouvais qu'il me restait encore assez de volonté pour défier les pièges et les rochers qui obstruaient mon tunnel.

Cette soudaine décision m'apporta un nouvel équilibre puisque la divine Providence m'orienta vers Irène L., kinésithérapeute : un cœur, une oreille féminins vers lesquels je pus enfin évacuer en toute simplicité mon désespoir de femme, mes craintes, mes angoisses devant l'avenir tellement flou. Avec confiance, avec rage, je me battis avec obstination contre l'effort, la fatigue de prendre la voiture tous les après-midi pour rejoindre cinq kilomètres plus loin cette femme dynamique. Elle allait désormais m'aider à conquérir et acquérir, à partir du 27 janvier 1989, des progrès énormes.

Le soir même, le docteur Charles R. me félicita de l'acharnement que m'avaient inspiré les événements du début de l'année. Encore une fois, il m'entraîna presque à la porte du sommeil par une bénéfique séance de sophrologie. J'y retrouvai la paix, la détente, la tranquillité, le relâchement nécessaires pour progresser dans l'apprentissage de ma nouvelle vie. Sans l'enrichissement psychique et la levée de tension chaque semaine, puis chaque mois, chez mon nouveau médecin-sophrologue, je n'aurais sans aucun doute pas pu garder mon esprit aussi équilibré et vaillant. Avoir en face de moi un homme de toute confiance, de grand cœur, qui m'écoutait, partageait mes combats intérieurs, me donnait du courage, de l'élan. Je dois avouer que sans l'appui de ce crampon, j'aurais glissé plus d'une fois sur ma falaise exténuante.

Calmée, apaisée, confiante, j'attendais à présent que les jours passent en priant que mon coude cicatrise, que mes plaies ne se rouvrent plus. Mon attente devint presque insupportable ! Sans le soutien affectueux de mon mari, des miens, du réconfortant et encourageant sourire du docteur Bernard K. qui venait à présent tous les soirs soigner mon coude, je me serais essoufflée ! Car guetter ainsi la moindre amélioration menaçait, malgré tous mes efforts, ma volonté que je sentais faiblir au fil des jours. Enfin, les premiers progrès apparurent au bout de la deuxième semaine ! Je n'osais pas trop me réjouir de peur d'être à nouveau déçue.

Mais je n'attendais plus qu'une chose : le rendez-vous à Metz que le docteur Jean-Pierre F. m'accorderait, le lundi 6 février. Je lui faisais une confiance totale car c'était son diagnostic qui comptait le plus pour moi. Je ne pourrai d'ailleurs jamais oublier le moment où il plongea ses yeux pétillants dans les miens pour m'annoncer d'une voix sécurisante et ferme :

« Aucun problème, ce coude est en train de guérir, il n'y a pas de greffe à envisager, vos plaies sont en train de bien cicatriser, tout cela est parfait. Bien sûr, vous pourrez commencer votre cure le 13 février ! L'eau cicatrisante de La Roche-Posay fera le reste. »

Il n'eut pas le temps d'achever sa phrase, déjà je lui sautais au cou, poussée involontairement par une explosion de joie. Je versai mes premières larmes de bonheur sans aucune retenue. J'étais rouge de confusion devant mon excitation. Cet excès d'allégresse fit rire le docteur qui poursuivit gaiement :

« Pour votre teinture que vous attendez depuis des mois, je vous donne le feu vert. Cachez donc ces cheveux blancs qui vous chagrinent tellement. Seulement, évitez l'utilisation des produits trop forts qui pourraient agresser votre cuir chevelu. Il reste malgré tout encore fragile. Faites également protéger vos greffes du visage au moment de la pose de cette couleur. Vous voyez, Gerda, comme vous avancez. En plus, cette première cure fera beaucoup de bien à votre visage ainsi qu'à votre peau greffée. En ce qui concerne votre visage? Un mois après votre retour de cure, vous reviendrez à Metz. Je vous orienterai vers la société C... de Woippy. Elle vous confectionnera un conformateur, disons plutôt un masque en plastique transparent, dur, plus efficace. À présent, Gerda, soyez patiente et courageuse comme d'habitude! »

Le cœur en fête, je quittai avec mes amies Claudine et Geneviève l'hôpital du Bon-Secours de Metz sans oublier de saluer au passage l'équipe de mon ancien service des brûlés. Je les retrouvai avec une grande émotion.

Comme j'avais effectué le voyage aller en voiture avec mon amie Claudine, je retournai le lendemain par le train à Mulhouse, la tête remplie d'espoir et de projets fous! Quel bonheur de plonger dans les bras de mon cher mari qui m'attendait amoureusement sur le quai de la gare! Prodigieuses sensations de bonheur, de liberté, de renaissance dans ma future vie de femme.

Ma sœur Hermine avait eu l'idée de m'offrir pour Noël 1988 un livre d'or. Le soir de mon retour, je feuilletai les pages sur lesquelles avaient écrit le docteur Jean-Pierre F., Françoise, Mme Valentin, ainsi que quelques infirmières présentes lors de ma visite. Leurs messages si précieux s'ajoutaient à ceux qui y figuraient déjà. Ce n'était pas pour lire et relire leurs compliments sur mon courage. Certes non! Mais dans mes moments de grande solitude, de souffrance, je relisais le livre puis le serrais sur mon cœur. Filtrait alors en moi une énergie mystérieuse qui me poussait à aller toujours plus loin. Voilà la vraie raison, le sens de ce livre d'or qui m'a suivi fidèlement tout au long de mon combat.

38

Sur les conseils du docteur Jean-Pierre F., je décidai donc de teindre mes cheveux avant ma cure. En sortant du salon de coiffure de mon amie Betty, je ne me reconnaissais plus du tout. La couleur châtain recouvrait mes cheveux blancs... me donnant une allure sévère. Il me fallut quelques jours pour m'habituer encore une fois à ce « nouveau visage ». Les miroirs de la maison reflétaient une image de moi que je ne reconnaissais plus. Joie mélangée d'une pointe de déception, de regret. Mais je la domptai grâce aux préparatifs frénétiques de ma première cure qui approchait à grands pas. Cure que j'attendais impatiemment avec, hélas, une crainte désagréable. Car à part les douches filiformes, j'ignorais totalement le déroulement des autres soins! Le cours des événements allait donc m'emporter, avec mon mari, vers une nouvelle destination complètement inconnue!

Le lundi 13 février 1989, vers 9 h 15, un jet d'eau puissant et chaud me fit sursauter de douleur, de surprise!

J'éprouvai à nouveau la même sensation ressentie lors des quatre douches filiformes au centre médical de Sainte-Foy-l'Argentière. Essayant de réprimer mes tremblements nerveux, je répondis bravement à une voix et des yeux étrangers devant lesquels, encore une fois, je devais accepter ma nudité. Immédiatement, je sentis glisser en moi un courant de sympathie vers l'homme qui allait m'accompagner sur le chemin de la guérison. La douche, à ma grande surprise et à mon vif soulagement, ne dura que quelques minutes. J'enfilai en un tour de main mon peignoir blanc. D'un geste amical, le docteur me posa gentiment la serviette autour du cou en me disant :

« Je vous attends cet après-midi à 14 h 30 dans mon bureau

pour votre consultation d'arrivée. À tout à l'heure, bon courage ! »

Perplexe devant la rapidité de cette première douche filiforme, je me retrouvai toute mouillée, les cheveux dégoulinants, devant la porte. Cette porte en face de laquelle je devais patienter tous les matins pendant les trois semaines de ma première cure à La Roche-Posay dans la Vienne. Tous les jours, sauf le dimanche, je prenais une douche filiforme, variant entre 15 et 18 kg de pression par cm^2. Puis deux autres douches moins puissantes d'un quart d'heure, que je réglais moi-même dans une cabine individuelle, sur ma peau brûlée et greffée. Ensuite, dix minutes de douche faciale qui transperçait le visage comme des pointes d'aiguille. Pour terminer par un bain chaud bouillonnant de vingt minutes. Ce fut la découverte de nouvelles souffrances. Je les savais utiles pour gagner des progrès. Encore une fois, il fallait accepter.

Louisette, une très gentille employée des thermes, remarqua mon hésitation au moment de pénétrer dans la baignoire qui m'attendait, impassible devant mon émotion. Un bouleversement me frappa en pleine poitrine car depuis des mois je ne prenais plus de bain. Le souvenir des bains « sans anesthésie » au service des brûlés à Metz me hantait encore. Profitant avec soulagement de la solitude de la cabine de soins et de l'ambiance bruyante, je pus pleurer sans gêne devant cette épreuve. Mes larmes se mêlèrent aux tumultueuses bulles de mon bain. Mais je devais me résigner puisqu'elles devaient contribuer à mes futures progrès.

À la fin des soins, Jeanine m'aida à enfiler les vêtements compressifs en coton réalisés par ma belle-mère (heureusement couturière). Ils glissèrent difficilement sur ma peau collante, car dans le service des soins d'eau régnait une moiteur étouffante qui m'oppressa dès les premiers jours. Vers 10 h 30, Gisèle, devenue par la suite mon amie, me guida avec gentillesse dans les couloirs qui accédaient à la sortie. Je gagnai ensuite le service de rééducation qui se trouvait à quelques centaines de mètres plus loin.

Malgré les jours qui passaient, les files d'attente devant les cabines de soins et de rééducation, mes yeux n'arrivaient pas à s'habituer à la vision de toutes les souffrances qui m'entouraient. Côtoyer tous les matins de grands brûlés me faisait mal. En même temps, cela me permettait de me rendre compte de « ma chance ». Oui, je réalisais encore une fois combien dans mon malheur j'avais eu de la chance. Car cela aurait pu être pire! Et à La Roche-Posay, je découvrais justement qu'il existait « pire ». Je n'arrêtais pas de remercier Dieu de m'avoir épargnée. Car je voyais des corps mutilés, des visages ravagés par le feu, des nez, des doigts, des orteils qui avaient disparu. Il fallait voir toutes ces « croix » pour le croire!

Je réalisais de plus en plus qu'être brûlé était tout simplement atroce. Horrible... Pourtant eux aussi, ils étaient heureux de vivre. L'exemple de certains me donnait une leçon. Au plus profond de mon être je souffrais en pleurant dans mon cœur, pour eux, pour moi, car je savais parfaitement ce que voulaient dire les mots *« être brûlé »*, ayant vécu dans ma propre chair leurs souffrances, leurs attentes, leurs espoirs qui étaient aussi les miens. Afin de leur apporter un peu de chaleur et d'amitié, je me donnais entièrement à eux par mon sourire et ma cordialité.

Oui, petit à petit, nous formions un important groupe de brûlés d'où s'échappaient des rires joyeux pendant la longue attente devant la porte du docteur Jean-Luc J.S. Nous savions tous que la douche filiforme était douloureuse, mais tellement importante dans l'évolution de nos greffes, de nos hypertrophies, de nos chéloïdes et de nos brides. Nous nous encouragions mutuellement. Même le docteur s'étonnait de notre bonne humeur, de notre vivacité. Pendant une de mes douches, il ne put s'empêcher de me dire son extrême stupéfaction et sa fierté :

« Vous savez, Gerda, depuis des années, je m'occupe des problèmes de peau (eczéma, psoriasis) et à présent des brûlures. Mais je dois avouer que *vous, les brûlés*, vous avez un sacré courage, une volonté de fer, une patience illimitée. Je reste toujours épaté devant cette force, dont vous, les brûlés, vous faites journalièrement preuve. Je suis vraiment impressionné et plein d'admiration pour vous tous! »

Ces paroles réconfortantes venaient de la part d'un homme encore jeune, au cœur noble et généreux. Un médecin qui maîtrisait particulièrement bien les douches filiformes qu'il essayait de nous faire avec le plus d'humanité possible. Il exerçait ce métier avec passion, avec dévouement. C'est bien pour cela que nous, les brûlés, nous l'aimions tellement!

39

Au cours de ces trois semaines, je découvris avec mon mari les régions superbes qui entourent La Roche-Posay. Le plus beau souvenir qui imprégnera toujours mon cœur sera celui d'avoir pu revoir la mer en visitant La Rochelle, puis l'île de Ré, le 19 février. Revoir l'océan Atlantique, entendre le bruit des vagues, respirer l'air du large, écouter le cri perçant des mouettes, marcher sur le sable fin de la plage... Qu'aurais-je pu désirer de plus à ce moment-là? Je me sentais tellement heureuse. Je pensais ne plus jamais sentir la fraîcheur vivante des vagues qui effleuraient mes pieds dénudés, en ce bel après-midi de février. Ce n'est que tard dans la soirée, pendant le trajet du retour vers La Roche-Posay, que ce bonheur se transforma en une douleur déchirante.

Je commençai à réaliser... que... je ne pourrais plus passer mes vacances à la mer, le soleil étant dangereux, néfaste pour mes greffes et ma peau brûlée. Moi qui aimais follement les vacances au soleil, les bains de mer, le bronzage, les toilettes estivales! Comment allais-je réagir en été? Plus je songeais à tous ces sacrifices, plus mon chagrin augmentait.

Je cachai à mon mari ce combat intérieur. Je refoulai de toutes mes forces les images de ma vie « avant l'accident ». Mais elles revenaient sans relâche m'assaillir. Il fallait tout simplement oublier, tirer un trait sur le passé pour garder mon équilibre actuel, si je voulais progresser dans cette nouvelle vie qui se renouvelait au jour le jour.

Là encore, je peux affirmer que la sophrologie m'a aidée à accepter tous ces renoncements « avec sagesse ». Il me fallut plusieurs mois de travail acharné avec le docteur Charles R. et le docteur Jean-Louis B. pour comprendre que l'on pouvait vivre sans soleil, sans bronzage, sans vacances au bord d'une piscine et sans bustier... *Mais lorsqu'on a aimé aussi intensément quelque chose, on souffre toujours plus, tellement plus, d'en être privé!*

Je m'inquiétais également pour ma fille Séverine qui devait accepter toutes mes transformations psychiques et tous ces renoncements. Elle n'avait qu'onze ans au moment de l'accident. Elle tenait, elle aussi, à la mer, au soleil, à la compagnie d'une maman sportive et active. Comment allait-elle vivre ces sacrifices que ce bouleversement lui imposait dans ses habitudes? Ainsi que toutes ces nombreuses séparations dues à mes fréquents voyages à Metz, à Sainte-Foy-l'Argentière, à Lyon? Heureusement, Agnès et Bernard, des amis fidèles, me proposaient à chaque déplacement de garder Séverine avec leurs deux filles. Une autre amie, Antonella, veillait également sur elle. Ainsi, Séverine retrouvait dans ces familles unies, heureuses, la chaleur, le réconfort qu'il lui fallait pour accepter toutes nos pénibles séparations. De la savoir accueillie chez nos amis me tranquillisait, me rassurait, me donnait du courage pour la quitter aussi longtemps et souvent au cours de ces années de lutte. Mais ce qui me perturbait le plus était de la voir grandir sans moi. Je ne pouvais plus l'encadrer de la même façon qu'avant mon accident. Et en la regardant s'épanouir, je me rendais compte que mon enfant se transformait en jeune fille. Sans moi. Pourrais-je un jour rattraper ce temps perdu pour elle? Certes non!

Je pense qu'en devenant à son tour une femme, Séverine réalisera, comprendra mieux le combat qui fut le mien. Je ne souhaite qu'une chose, qu'elle oublie ces années pénibles et tristes de son enfance. Elle n'a pas toujours compris les réactions de sa maman blessée dans sa chair et son esprit, ainsi que l'isolement qui m'a été salutaire pour écrire ce livre qu'elle jalousait. Elle découvrira elle-même la valeur de celui-ci, il l'aidera sans aucun doute à garder l'espoir.

Pascal, mon fils, a poursuivi sérieusement des études commerciales, en Angleterre, puis à Lyon! Ses vingt ans lui ont permis de démarrer dans la vie, fortifié par l'épreuve qu'il a subie. Il en est d'ailleurs sorti transformé, mûri. Je pense que mon exemple ne pourra que l'encourager à l'avenir à voir le côté positif de chaque situation et événement. Il gardera sûrement au fond de son esprit la foi et l'amour qui ont animé ses parents *qui n'ont vécu que l'un pour l'autre* pendant ces années douloureuses de sa jeunesse!

40

« Gerda ! Gerda ! C'est toi ? »

Une voix claire, familière, s'échappa de la cabine où bouillonnait le bain de la cure. Je n'en crus pas mes oreilles. C'était la voix de ma compagne de chambre de Sainte-Foy-l'Argentière... Jocelyne ! Elle débutait en ce lundi matin sa première cure. Nos retrouvailles furent joyeuses, même son amie Maggy, brûlée elle aussi sur la poitrine, participa à cette rencontre incroyable. Nous fûmes ravies de parler de nos souvenirs communs, de nos progrès. Ma joie fut couronnée par la venue de Patrick, le mari de Raphaëlle, ma compagne de chambre de Metz. Il effectuait lui aussi sa cure à La Roche-Posay.

Ces rencontres inattendues renforcèrent l'ambiance chaleureuse qui existait aux Thermes. Entre brûlés, nous nous sentions tous en famille. Nous étions solidaires les uns des autres. Personnellement, j'étais très heureuse de me sentir entourée et prise en charge par des soins intensifs. Cela me permettait de reprendre des forces après la désagréable sensation d'abandon éprouvée pendant les premiers mois de mon retour à Mulhouse, alors que je me débattais avec mes plaies. D'ailleurs cette chaude ambiance, cette union, cette camaraderie dans la souffrance me manquèrent régulièrement à chacun de mes retours de cure. J'avais toujours beaucoup de mal à m'adapter à la mentalité du « monde des bien-portants ».

Je trouvais les gens indiscrets avec leurs regards curieux, insistants, auxquels je ne pouvais malheureusement échapper. Mon cœur pleurait souvent devant l'ignorance du monde. Je le trouvais par moment superficiel, égoïste. Je me rendais compte combien mon aventure avait transformé mon esprit, ma manière de raisonner et de voir les choses. *Fallait-il donc passer par une telle épreuve pour mieux réaliser les images positives de sa vie?* Certainement... Pour moi, oui! Et, comme je voulais à tout prix m'en sortir, rien ni personne ne pouvant le faire à ma place, il fallait absolument persister dans mon combat jour après jour, sans jamais renoncer.

Vers la fin de la deuxième semaine de cure, j'attendis avec impatience le retour de mon mari qui avait passé quelques jours à Mulhouse. Aussi, en apercevant la voiture de nos amis s'immobiliser devant l'hôtel, mon cœur se gonfla de soulagement. La joie des retrouvailles fut immense. La fidèle amitié d'Édith et Bernard, qui avaient fait spécialement le voyage pour accompagner Fernand à la station de soins, transforma ce week-end en fête. Les jeunes responsables de l'hôtel, Hélène et Daniel, participèrent avec enthousiasme à notre gaieté.

Le dimanche matin, la séparation fut triste. Par bonheur, la présence réconfortante de mon mari m'aida à supporter la dernière semaine de soins.

Plus les jours passaient, plus je réalisais le changement du cours de ma vie. Je n'arrêtais pas de voyager pour des soins et des contrôles à Lyon, à Sainte-Foy-l'Argentière, à Metz, à La Roche-Posay. Ces bouleversements m'entraînaient vers des rencontres, des départs, des retrouvailles, des séparations, des moments intenses. Ils me bousculaient perpétuellement dans une course infinie qui me ballottait d'un endroit à un autre. Je résistais avec force à toutes ces émotions grâce à la présence fidèle de mon mari. Il me soutenait pendant toutes ces séparations avec Séverine et mon chez-moi! Chaque fois que je m'attachais à un milieu, à des personnes, il me fallait aussitôt faire mes valises et partir. J'éprouvais une sorte de déracinement qui, à chaque départ, me perturbait. Pourtant, malgré toutes ces circonstances exténuantes, mon cœur arrivait à garder son calme, sa force habituelle. C'était un miracle de ma foi et de l'amour de mon compagnon.

C'est pourquoi, en cette matinée du 4 mars, avec un sentiment de tristesse réelle, je regardai dans le rétroviseur s'éloigner la station thermale de La Roche-Posay. J'y laissais une partie de mon cœur, de nouvelles amitiés. Je me réjouissais déjà de retrouver en septembre le brave docteur Jean-Luc J. S. Le cœur serré par l'appréhension de ce départ, je serrai la main protectrice de Fernand. Il me commenta joyeusement le programme de notre voyage de retour. Celui-ci dura trois jours afin de ne pas trop me fatiguer.

Vers la fin de l'après-midi, l'esprit transporté par une indéfinissable paix, je m'agenouillai aux pieds de la Vierge de la grotte de Lourdes. Je l'avais tant priée pendant tous mes mois de souffrance que ce moment tant désiré me procura une joie intérieure extrême. Je pleurai de soulagement devant cette infinie sensation qui exaltait mon âme. Tremblante d'émotion, je sentis tout à coup mes forces m'abandonner. Heureusement, le bras puissant de mon mari m'aida à rejoindre les bancs placés en face de la grotte. À ce moment-là, passa dans mon esprit le film de mon séjour au Centre des brûlés de Metz. Les images du réveil de mes seize anesthésies totales défilèrent, imperturbables, devant mes yeux. Je revois les moments inoubliables pendant lesquels je parlais à la Vierge en lui offrant mes horribles souffrances de brûlée pour qu'elle m'aide à redevenir une femme... une autre femme!

Sous le choc de l'accident et l'intensité de mes brûlures, en effet mon esprit avait imaginé quatre Vierges que je priais l'une après l'autre, toujours dans le même ordre, de peur d'en oublier une! Les gouttes qui tombaient de mes bouteilles de glucose, lentes et régulières, dans le tube en plastique transparent relié à la veine de ma main gauche, me servaient de repère dans la récitation de mes *Je vous salue, Marie...* Je me rappelai avoir récité des dizaines de chapelets pour me donner du courage et supporter mes douleurs inimaginables et l'incertitude de l'avenir. Déchirantes heures de lutte et de désespoir pendant lesquelles je priais éperdument. Il y avait la Vierge de l'église Sainte-Marie de Mulhouse (visitée la veille de mon accident, le 25 juin 1988, avec Séverine), la Vierge de Tierenbach (lieu de pèlerinage en Alsace), la Vierge du Sacré-Cœur de Paris, et maintenant la Vierge de Lourdes, que je suppliais toujours en dernier.

Toutes mes espérances prenaient en ce jour une nouvelle naissance. Avec recueillement, je savourai le bonheur de ce pèlerinage à Lourdes. La nuit passée dans ce lieu de prières m'apporta tout l'apaisement dont mon corps et mon esprit avaient besoin pour franchir d'autres pas en avant. L'idée de reprendre ma place habituelle « à gauche » dans le lit de notre chambre d'hôtel (position familière avant mon accident) m'illumina subitement. Fernand fut tout heureux de cette initiative qui lui permettait enfin de s'endormir du côté droit, « son ancienne place ». Je l'occupais depuis cinq mois et cela le perturbait. Je profitai donc des trois nuits de notre voyage pour m'entraîner à ce changement que je désirais ardemment.

41

Le dimanche 5 mars, à chaque station du chemin de croix de Lourdes, j'offris à Dieu, à la Vierge, mes efforts, mes douleurs, mes larmes d'épuisement. Des larmes qui, au fur et à mesure, se transformèrent en larmes de bonheur. Oui, de bonheur! Je réalisais ma chance de pouvoir à nouveau marcher sur un chemin de montagne. En plus, celui que je parcourais était raide, rocailleux et m'amenait aux pieds du Golgotha! Moment intense, de grande paix, de calme profond. Je compris que je venais d'accomplir un incroyable effort grâce à la force de ma foi. À aucun moment, je n'oublierai les minutes de repos, savourées en priant au pied de la Croix, ma main dans celle de mon cher mari! La descente fut tout aussi pénible mais la réalisation de mon vœu m'enhardissait. Confiante, je parcourus les derniers cent mètres qui nous séparaient du portail de l'entrée de la grande place de Lourdes.

Soudain, à cet instant précis, un bourdonnement impressionnant se fit entendre. Je levai instantanément les yeux vers le ciel bleu magnifique. Un frisson violent me fouetta le dos. J'aperçus à ma grande surprise un hélicoptère. Il se dirigeait, lui aussi, dans la même direction. Quelque chose à cette minute filtra immédiatement dans mon esprit. Je m'exclamai aussitôt en retenant mes larmes avec peine :

« Regarde, Fernand, regarde, un hélicoptère rouge! »

Ma voix se brisa en sanglots au fond de ma gorge. Je me rappelai (d'après ce que m'avait raconté mon mari) que le 26 juin 1988 un hélicoptère rouge m'avait transportée à Metz, au Centre des brûlés. Refoulant mes larmes d'émotion, je poursuivis presque gaiement :

« Tu vois, Fernand, cet hélicoptère? Il est de la même couleur que celui qui m'emporta il y a neuf mois. C'est comme un signe! Oui, pour moi, c'est un signe d'encouragement. Un signe qui parle à mon cœur. Tu ne trouves pas que cette coïncidence a quelque chose d'étonnant? C'est comme si la Vierge de Lourdes me demandait de poursuivre mon escalade car je suis sur la bonne voie! »

Sans répondre, Fernand me serra le bras affectueusement. Nous nous dirigeâmes vers la sortie du parc en silence. Nous voulions profiter de cette paix extrême qui inondait notre esprit à ce moment-là. Pendant tout notre voyage de retour, surgit constamment dans ma tête une phrase : « *C'est le cœur qui sent Dieu et non la raison!* »

Malgré toute ma bonne volonté, mon comportement résolument optimiste, j'eus besoin dès mon retour de l'appui du docteur Charles R. pour garder en moi toute l'énergie emmagasinée pendant cette première cure. Je retrouvai ses yeux sécurisants avec joie. Ils étincelèrent au moment où je lui annonçai d'une voix émue :

« Docteur, je suis heureuse de vous annoncer que le coude s'est refermé vers les derniers jours de la cure! Vous ne pouvez pas vous imaginer mon soulagement, mon impatience de porter enfin les vêtements compressifs de Médical Z. Je me sens très énervée. »

Il tempéra mon excitation par une apaisante séance de relaxation. Je le quittai, ce soir-là, l'esprit léger et plein d'espoir.

42

La rééducation musculaire commencée à La Roche-Posay tous les matins pendant une heure, après les soins d'eau, portait ses premiers fruits. Le dynamique kinésithérapeute Michel P. et ses assistants Frédéric et Fabrice m'avaient fait entreprendre de nouveaux mouvements. Au cours de ces séances, on me plaçait des appareils de musculation et on me faisait tirer sur des cordes reliées à des poids. Je devais les soulever progressivement. Cette façon de travailler renforçait les muscles, les ligaments atrophiés de mon poignet, de mon épaule, de mon coude, de mon bras et de mon pied. Ces mouvements favorisaient également l'extension de mes vilaines brides.

Les poids commençaient à remodeler ma poitrine, complètement abîmée par ces longs mois de bandages serrés et par le port de mes vêtements compressifs. Les sourires de Sylvie, Colette et Marie-Claude, employées de ce service, m'avaient épaulée pendant cette pénible et exténuante rééducation. Elles m'avaient expliqué également la valeur de ma persévérance, de ma patience, nécessaires pour obtenir des résultats positifs. Aussi, je déployai toute mon énergie, toute ma rage de vivre, toute ma volonté de vaincre.

Effectivement, c'est grâce à ces premiers efforts, puis à ceux effectués à Mulhouse tous les jours pendant une heure et demie que je pus retrouver petit à petit cette indépendance tant désirée. Ma mobilité revint, mes brides s'étirèrent, mes muscles se renforcèrent au fil de ces longs mois et années d'efforts. Même ma poitrine reprit une allure féminine et pour rien au monde je ne me serais plainte. Malgré toutes les larmes amères avalées au fond de ma gorge, je travaillais tous les jours sans relâche mon côté brûlé, greffé. Chaque petit progrès me ravivait. Il me donnait une vigueur nouvelle pour poursuivre avec courage l'ascension d'une falaise glissante par endroits.

Je me réveillai un matin couchée à plat ventre. Extraordinaire sensation de victoire devant cette découverte qui me rendit folle de joie. Ce progrès en rééducation me donna l'idée de m'endormir à partir de ce jour sur le ventre. J'allongeais le bras droit vers le haut du matelas, le côté brûlé de mon visage plaqué sur l'oreiller. Ainsi, même la nuit, je faisais travailler efficacement la posture de mon bras. La pression du conformateur sur mon visage me permettait de grignoter des progrès pendant mon sommeil.

Je voulais à tout prix atteindre cette indépendance, cette liberté que je souhaitais de toute mon âme pour pouvoir essayer de vivre le plus normalement possible ma nouvelle vie de femme.

43

Grâce à la guérison tant souhaitée de mon coude, je pus enfin enfiler à partir du 6 mars 1989 les vêtements qui patientaient sagement depuis déjà plusieurs semaines au fond du tiroir de ma commode. Hélas, mon allégresse fut de courte durée. Ils ne correspondaient nullement aux mesures de mon corps. Ils étaient trop lâches, donc pas assez serrés pour réaliser l'aplatissement des greffes.

Cette réalité me plaçait dans une situation pénible car je devais porter ces vêtements compressifs jour et nuit, en sachant que leur action ne serait en rien bénéfique. Angoissantes préoccupations, aggravées par les habituelles démangeaisons, picotements, tiraillements qui peu à peu entraînaient à nouveau une désagréable sensation d'anxiété. Je contrôlais mal mon désespoir et mon chagrin.

Selon l'écrivain Pascal, l'impuissance de la raison humaine, livrée à ses seules forces, n'aboutit qu'au néant et au désespoir. Il ne reste à l'homme, pour échapper à ce néant, à ce désespoir, qu'à se tourner vers Dieu...

C'est ce que je fis avec ferveur. Oui, de toutes mes forces, je priai. Je suppliai Dieu de m'aider à trouver une solution à cette constatation dont moi seule souffrais! Mes prières furent exaucées. Le mercredi 29 mars, en rendant visite au docteur Claude B. du Centre de réadaptation de Mulhouse, j'eus la surprise d'apprendre la présence du directeur de Médical Z (spécialiste de la confection des vêtements compressifs pour brûlés) à Mulhouse. Folle de joie et d'espoir, je pris, sur les conseils du docteur Claude B., immédiatement rendez-vous pour le lendemain avec les bandagistes des Établissements C... de Mulhouse. Ceux-ci m'annoncèrent que le directeur de Médical Z, de passage dans leurs ateliers, prendrait lui-même les mesures de mes nouveaux vêtements compressifs. Je n'en crus pas mes oreilles!

Incroyable et étonnant concours de circonstances! Pour moi, ces événements arrivés simultanément étaient la réponse à mes prières. Je ne pouvais que remercier Dieu de m'avoir aidée.

Le cœur battant, je me trouvai donc le jeudi à 9 heures précises, avec ma belle-mère, dans cet accueillant magasin des Établissements C.... Encore une fois, je dus me dépouiller de tous mes vêtements. Par bonheur, les regards discrets du directeur de Médical Z, les paroles bienveillantes des sympathiques bandagistes Sandro S. et Denis G. me firent oublier ma nudité. Ils prirent scrupuleusement toutes mes mesures en respectant les prescriptions nécessaires à la réalisation du futur gilet et du caleçon long, vêtements confectionnés avec exactitude cette fois-ci! Émue et heureuse à la fois, je les quittai une heure plus tard, le cœur en fête. Je retrouvai plus tard Irène, ma « kiné », qui participa à mon bonheur et à mon enthousiasme.

Le soir même, grâce aux doigts agiles de ma belle-mère et à ceux de mon mari, le conformateur fut rajeuni par un nouveau morceau de peau de poulain propre. Les sangles étirées par le port assidu de la compression furent également remplacées. En les regardant faire, je songeai aux innombrables sacrifices supportés pour acquérir avec tellement de peine tous les progrès. Porter jour et nuit ce conformateur, ôté uniquement pour la toilette et les massages effectués par Irène, était une contrainte qui me faisait énormément souffrir.

Tout d'abord, cela me blessait le menton. La peau du haut de ma tête s'irritait au fil des mois par la pression des sangles qui se rejoignaient toujours au même endroit. À la longue, cette partie de la tête devenait très sensible, très douloureuse. Mais le plus éprouvant était tout de même le regard curieux des gens. Ils me dévisageaient toujours avec insistance et stupidité. D'ailleurs, tout au long de mon escalade, je ne me suis jamais habituée à cette déplaisante sensation d'être fixée avec impertinence. Mon cœur a souvent sangloté en me rappelant que je n'étais pas encore comme une autre femme.

Tard dans la soirée, auprès de mon mari, je pus évacuer par des larmes d'apaisement toute cette tension accumulée lors des événements des dernières quarante-huit heures.

44

Rien ne pouvait me faire plus plaisir que de revoir en cette journée de fête toute ma formidable famille rassemblée à Dessenheim (petit village alsacien) en ce dimanche 2 avril, pour la communion de ma petite cousine Katia.

Jamais je n'oublierai son visage bouleversé lors de sa visite avec ses parents au Centre des brûlés à Metz, le 12 août 1988. En me revoyant huit mois après, elle ne put cacher sa joie, sa surprise à la vue de tous mes progrès. J'étais radieuse de lui montrer qu'avec de la volonté, de la persévérance, des efforts journaliers, on pouvait gagner. Joyeusement, je savourai cette sensation de victoire qui remplissait tout mon être. Elle me permit d'oublier pour quelques heures la minerve, le conformateur disgracieux et les vêtements compressifs.

Ce bonheur fut également renforcé par l'anniversaire de Séverine qui souffla ses douze bougies en présence de toute la famille. Peu avant le dîner, nous la laissâmes avec ses cousins. Nous devions la rechercher de toute façon le lendemain – la tradition accordant aux paroisses des villages alsaciens une deuxième journée de réjouissances.

Une fois de retour à Mulhouse, je décidai de me coucher le plus tôt possible. Je me sentais tellement fatiguée après tant de joie et d'émotion! Lorsque soudain j'entendis plusieurs coups de sonnette énergiques. Étonnée, je vis entrer ma chère sœur. Son visage avait un air bizarre, tout comme cette visite tardive. Une fois dans la cuisine, elle me tendit un joli paquet d'anniversaire pour Séverine ainsi qu'une grande feuille blanche inconnue. Sans trop me donner d'explication, elle me déclara aussitôt d'une voix grave :

« Gerda ! En fouillant ce soir dans mes tiroirs pour trouver du papier cadeau, j'ai découvert cette feuille. Je la cherchais depuis des mois pour te la remettre. Car elle t'appartient. Elle porte un message écrit par toi trois jours après ton accident. »

Je n'y comprenais rien. Je ne reconnaissais nullement cette écriture étrange. Mais en apercevant le prénom de mon mari, mon cœur subitement s'échauffa. Je regardai ma sœur et mon fils qui nous avaient rejointes dans la cuisine. Ils étaient tous les deux très émus et c'est en pleurant qu'Hermine me raconta ce souvenir incroyable :

« Le docteur Jean-Pierre F. m'avait accordé une permission exceptionnelle pour entrer dans ta chambre, en vêtements stériles. À peine à tes côtés, tu m'as demandé une feuille de papier et un stylo. Malgré toutes les perfusions qui pendaient au-dessus de ton corps meurtri et dénudé, tu as voulu écrire ! Je ne sais pas comment tu as pu réaliser pareille prouesse. C'est sous les yeux terrifiés de ton mari, de ton fils et de moi-même qui tenais cette feuille... que tu rédigeas ce bouleversant message.

– Mais Hermine, mais Pascal, ce n'est pas possible ! Je ne me souviens de rien. Absolument de rien. Des deux premières semaines je n'ai aucun souvenir. Comment ai-je pu tenir un stylo avec ma main brûlée ?

– C'est justement ce qui est extraordinaire. Malgré tes souffrances, ton inconscience, tu as constamment voulu écrire. Je me demande encore aujourd'hui comment ce fut possible. Fernand et Pascal s'affolaient devant tes efforts désespérés de vouloir tenir le stylo avec ta main blessée ! »

Sans plus attendre, je pris connaissance des mots gravés sur cette grande feuille dont j'ignorais l'existence jusqu'à ce moment :

Je vous aime
tous et je
vous suis contente
avoir près de de moi.
Soyez sage.
Gerda la miraculée
qui veut vivre
encore longtemps
avec Fernand et vous.

Hôpital ~~[illegible]~~
Metz Bon Secours
(Mercredi le 29.06.88)
16h40

Je vous aime
tous et je
vous suis contente de
avoir près de moi
Soyez sage.

Gardez le
moral Léo,
à
qui veut vivre
encore longtemps
avec vous
et tous

Un frisson irrépressible me secoua le corps et des larmes chaudes embrouillèrent ma vue. Mais pour rien au monde je n'aurais pleuré. Mon âme éprouvait, encore une fois, ce merveilleux sentiment de reconnaissance envers Dieu. D'une voix sereine, j'exprimai mon bonheur :

« Je vous en supplie, arrêtez d'être tristes. Au contraire, soyez heureux. Il y a dix mois, je menais un combat entre la vie et la mort. Aujourd'hui, c'est la vie qui a triomphé en m'accordant la joie de retrouver toute ma famille. Alors ne gâchons pas le présent. Vivons-le pleinement. De plus, ce message prouve bien qu'au fond de moi existait déjà cette force qui m'a été donnée pour renaître à la vie. Même inconsciente, je voulais déjà lutter pour vous. Cela n'est-il pas prodigieux ? »

À tout jamais je garderai dans ma mémoire les regards de Fernand, de Pascal et d'Hermine qui brillaient de fierté et d'amour.

Le lendemain soir, le docteur Bernard K. essaya de tempérer avec ménagement ma consternation devant la vision d'une compresse ensanglantée qu'il détachait délicatement de mon coude. Une sorte de peur désagréable me secoua nerveusement. Je cherchai avec affolement le regard solide de mon mari qui me tendit tout de suite sa main. Je la serrai follement tandis que mon ami médecin m'annonçait d'une voix désolée :

« Ne pleure pas, Gerda, sois courageuse. Tu as déjà fait tellement de progrès depuis ton retour que tu ne dois pas craquer. Je sais que cela est dur, mais il faut croire que si ton coude a cédé, c'est qu'il n'était pas très solide. Effectivement, si l'on te plâtrait le bras, ton coude ne tarderait pas à se refermer. Mais à la moindre flexion, il se rouvrirait. Il n'y a malheureusement pas de remède miracle. Tu devras continuer à plier ce bras normalement sans hésitation afin que la peau du coude cicatrice en position d'étirement ! »

Il me sembla que ma tête allait éclater après ces déclarations. Bernard remarqua le malaise qui me perturbait :

« Allons, Gerda, ne perds pas courage, je te connais à présent. Tu vas y arriver ! N'oublie pas que tu as le soutien de ceux qui t'aiment et je suis là pour t'aider et te soigner ! »

Malgré toute la volonté qui me dominait, je ne pus refouler plus longtemps mes larmes qui jaillirent à l'idée que tout était à recommencer... Encore une fois, il fallait admettre que pendant des semaines et des semaines je serais hantée par l'attente de cette cicatrisation. À nouveau, je ne pourrais pas porter les nouveaux vêtements compressifs que Médical Z devait m'envoyer incessamment. Je dois donc répéter une nouvelle fois que sans le soutien moral des miens je n'y serais pas arrivée!

Irène, ma « kiné », était aussi désemparée que moi! Cette cruelle situation retardait ses massages. Elle me fit programmer chaque jour un emploi du temps, afin d'éviter que mon esprit ne vagabonde. Grâce au dévouement de mon ami médecin qui venait à nouveau tous les deux soirs après ses visites effectuer les douloureux pansements, j'acceptai, docile et soumise, cette sentence qui paralysait cependant mon énergie!

Oui, encore une fois, la foi me fut d'un grand secours, ainsi que la relaxation. Je repris ainsi doucement mon courage à deux mains pour lutter contre les vagues de déprime qui cherchaient malicieusement à m'engloutir! Heureusement, pendant les deux semaines suivantes, mes forces reprirent le dessus.

Pour garder ma vaillance, je ne pensai plus qu'au prochain voyage à Metz. Je plaçais tous mes espoirs en le docteur Jean-Pierre F. qui m'avait promis la confection d'un autre masque pour mon visage.

45

En parcourant les couloirs familiers qui me conduisaient au secrétariat du service des brûlés de l'hôpital Notre-Dame-du-Bon-Secours, à Metz, une appréhension sournoise se glissa subitement au fond de mon cœur. Mais devant le bienveillant sourire qui nous accueillit, je me décontractai :

« Bonjour, monsieur et madame Burg, vous avez fait un bon voyage ? »

Une sympathique secrétaire me tendit aussitôt une grande enveloppe, en précisant :

« Comme convenu avec le docteur Jean-Pierre F., voici le plan qui vous permettra de trouver plus facilement la Société C... à Woippy. Ce n'est pas très loin mais il faut vous y rendre sans tarder. On vous attend à 9 h 30 ce matin afin de prendre l'empreinte de votre visage. Je vous reverrai comme prévu à 17 heures lors de votre consultation. En attendant, je vous souhaite bon courage madame. À cet après-midi ! »

Effectivement, il m'en fallut du « courage » pour supporter cette pénible épreuve de la prise d'empreinte ! Toutefois, l'accueil chaleureux d'Anne-Marie, la secrétaire de la Société C..., la gentillesse d'Alain P., le premier prothésiste moustachu à s'occuper de moi, firent disparaître l'appréhension qui animait mon cœur en cette matinée éprouvante du 17 avril.

Comme à Sainte-Foy-l'Argentière, Alain enduisit mon visage d'une épaisse couche de vaseline, tandis que Roger, son assistant, protégeait mes vêtements. Il me couvrit la tête avec une sorte de bonnet en coton afin d'abriter mes cheveux pendant le travail. Puis Alain effectua la prise d'empreinte avec de l'alginate, sorte de pâte épaisse, molle, facile à appliquer. Une fois durcie, celle-ci fut découverte et renforcée par des bandes plâtrées. Il fallut ensuite attendre que sèche la prise d'empreinte – laps de temps plus ou moins long pour moi, durant lequel j'essayai de décontracter mes muscles et mon esprit, comme je l'avais appris en relaxation. Malgré moi, les images de Sainte-Foy-l'Argentière remontaient à la surface et affolaient mon cerveau. J'avais l'impression étourdissante de revivre le premier positif exécuté par Jean-Louis le 23 septembre 1988! L'odeur du plâtre mouillé embrouillait mes pensées de la même façon que sept mois auparavant. En décollant cette sorte de masque dur, je ressentis exactement la même douleur qui était restée imprimée tant de mois après dans mon corps, dans ma mémoire. Mais cette fois-ci, je dominai plus facilement mes réactions...

« Voilà, madame, c'est enfin terminé. Vous pouvez ouvrir les yeux! » s'exclama gentiment le prothésiste.

En même temps que je soulevais les paupières je réalisai combien ma volonté était devenue forte; mon esprit domptait à présent entièrement mes émotions.

« Tenez, madame, prenez ce papier doux pour essuyer le reste de vaseline sur votre visage. Vous savez, je suis très content de votre participation. Je dois dire que cette délicate opération est très oppressante et très désagréable. C'était vraiment impeccable. Je vais tout de suite entreprendre le moulage de vos futurs masques qui seront réalisés en plastique dur transparent. Je vous laisse donc retourner à Metz avec votre mari en vous disant à demain après-midi, pour les essayages!

Plus tard, vers 17 heures, alors que j'arpentais à nouveau les couloirs accédant au secrétariat du service des brûlés de Metz, je compris que ma bataille n'était pas achevée et qu'elle serait encore longue, très longue! Aussi, en attendant l'heure de ma consultation, je priai humblement au fond de mon cœur pour calmer mes appréhensions. Je retrouvai enfin le docteur Jean-Pierre F. avec un bonheur profond et énormément de joie. Ses paroles réconfortantes firent disparaître mes craintes :

« Si votre coude s'est à nouveau rouvert, c'est en fin de compte une bonne chose, Gerda. De toute façon, il n'était pas assez résistant pour supporter les flexions de votre bras. Ne vous inquiétez donc pas. Il va guérir sans intervention chirurgicale. Croyez-moi, Gerda, ce coude ne sera pas greffé. Il lui faudra seulement encore du temps, un autre traitement pour se refermer et, bien sûr, à vous, beaucoup de patience. Courage, le temps est un grand maître, vous le savez très bien, n'est-ce pas? »

Émue et troublée à la fois par les affirmations du docteur, j'avalai silencieusement mes larmes pour ne pas gâcher cette entrevue que j'avais tant espérée. Il ne me restait donc plus qu'à continuer, à attendre, à faire confiance à Dieu et aux médecins, comme je l'avais fait depuis le début de mon calvaire.

46

Le retour à Mulhouse fut néanmoins pénible ! Continuellement, les démangeaisons m'assaillaient, les greffes de mon bras me tiraillaient, les anciens vêtements compressifs en coton me picotaient et me serraient désagréablement, la minerve m'étranglait. Quant à la compression sur mon visage, elle s'était transformée en *un masque entier réalisé en plastique transparent dur, retenu autour de ma tête par cinq sangles caoutchoutées... L'horreur... Une prison !*

Mon état d'esprit à ce moment-là ? D'inimaginables tourments me paralysaient. Fernand devait sans doute réaliser le combat que je menais intérieurement. Il me proposa affectueusement, après plusieurs tentatives de dialogue :

« Gerda, tu ne peux continuer à te torturer ainsi ! Je vais m'arrêter à la prochaine sortie de cette autoroute afin que tu puisses enlever ce masque entier qui te fait tant souffrir. Alain t'a dit que si tu veux, tu peux porter le jour le demi-masque qu'il a fabriqué sur ma demande, qui est beaucoup plus facile à supporter. Tu sais bien qu'il te faudra du temps pour t'habituer à ce masque entier, il te perturbe. Alors n'essaye donc pas d'aller au-delà de tes forces. Je t'en supplie, fais ce que je te demande. J'ai besoin de ton sourire, de ton courage... Je t'aime. »

La voix vibrante d'émotion de mon cher mari me sortit aussitôt de cette torpeur paralysante. Avec force, je décidai de réagir pour lui prouver mon amour. Mais c'est surtout la détresse de sa voix qui me donna, à ce moment précis, la volonté nécessaire de surmonter ce bouleversement. Car de me trouver *prisonnière d'un masque entier* avait bloqué mon esprit.

J'en avais si souvent vu sur les visages brûlés du centre médical de Sainte-Foy-l'Argentière ! Jamais je n'avais songé, une seule minute, que cette abominable contrainte me serait imposée... sept mois après, et ce pour une durée indéterminée. Je ne comprenais donc pas pour quelle raison on m'obligeait à subir pareille torture psychique. Surtout que les brûlures et les greffes de mon visage étaient localisées uniquement d'un seul côté. J'entendais tout au long de ce retour les explications d'Alain qui martelaient sans relâche ma mémoire :

« Madame, je comprends très bien votre attitude devant cette nouvelle contrainte, mais sachez que pour atteindre une bonne répartition de la pression sur vos hypertrophies actuellement en phase inflammatoire, il n'y a pas d'autres solutions. Si vous voulez qu'elles s'aplatissent, il faudra porter le masque entier jour et nuit. Je sais que cela est très dur... Mais pendant toutes ces heures passées ensemble à le confectionner, vous m'avez fait comprendre que vous ne reculeriez devant aucun sacrifice pour votre visage ! »

Bien sûr, il avait raison ! Bien sûr, je voulais tout accepter pour cette guérison, si longue soit-elle ! Mais malgré toute ma volonté de braver cet obstacle imprévu, je devais et je dois encore vivre ma nouvelle vie de femme dans cet emprisonnement. Avoir depuis le 23 septembre 1988 une compression vingt-trois heures sur vingt-quatre sur le visage, et à présent un masque entier que je dois subir toute la journée et toute la nuit, est tout simplement une pensée démoralisante, asphyxiante !

Mon cher mari avait heureusement demandé au prothésiste de me réaliser un « demi-masque » qui me laissait la face apparente. Il n'entourait que l'ovale de mon visage. Il était resserré par deux larges sangles au niveau de la nuque ainsi qu'au-dessus du crâne. Cela n'était pas plus agréable, mais tout de même plus facile à supporter pour sortir dans le monde des bien-portants.

Mon Dieu, lorsque je pense au courage qu'il me faut pour affronter les rires et les regards curieux des enfants, les réflexions des adultes qui ignorent la fonction de ce masque et qui me fixent toujours avec tellement d'insistance ! Combien de fois ai-je été sur le point de pleurer, de crier ma gêne, ma révolte envers ceux qui ne se doutent nullement du calvaire que je vis pour gagner des progrès ! Combien de fois m'a-t-on demandé si je portais ce masque pour protéger ma peau et mes brûlures... des microbes !

Cela prouve bien que les gens ne sont malheureusement pas informés. Ils ne connaissent pas du tout la valeur de ces masques en plastique, imposés à un visage brûlé et qui servent uniquement à comprimer les hypertrophies (épaississement de la peau au niveau des cicatrices).

Là encore, je me rends compte combien les brûlés peuvent souffrir dans leur cœur en étant continuellement dévisagés, observés. Je comprends mieux leur chagrin. Comment oublier les yeux tristes de certains grands brûlés, côtoyés lors de mes nombreuses cures? Je crois qu'il est important pour moi, pour eux, que j'exprime toute cette explosion de douleur retenue, devant les regards indiscrets qui font tellement mal! Si mon témoignage pouvait faire comprendre au monde des bien-portants combien un regard d'amitié, de chaleur humaine, peut donner du courage!

Il ne faut pas oublier qu'une seconde d'inattention, une négligence, un accident peuvent du jour au lendemain faire basculer toute une vie et l'entraîner vers la grande famille des brûlés.

C'est pourquoi, mes cheveux ayant repoussé au fil des semaines qui passaient, je m'imposai l'effort de rejoindre de temps en temps, chez mon amie Betty, la gentille Christine. Elle me coiffait avec le demi-masque transparent. Je ne le quittais que pour le shampoing. Je voulais m'habituer dès le début au regard des autres femmes. Elles m'observaient toujours avec étonnement. Cette expérience difficile, éprouvante au début, m'encouragea par la suite à affronter les regards des gens dans la rue, en ville. Le plus attristant m'attendant de retour chez moi, lorsque je remplaçais mon demi-masque par l'entier. La pression des sangles aplatissait les cheveux et effaçait en peu de temps le brushing qui ne durait que l'espace d'un beau rêve. Pourtant, j'ai la folle conviction qu'un jour mes sacrifices n'auront pas été vains, qu'à la fin de ces longues années de captivité, mon visage retrouvera presque la même apparence qu'avant l'accident! Je me battrai jusqu'au bout, même si je dois persévérer au-delà des trente mois que l'on me donne à présent comme délai de liberté. Certes, je n'irai pas prétendre qu'il sera semblable à celui d'avant. Il aura inévitablement changé avec les marques du temps et mes souffrances de brûlée. Mais mon cœur me console, me dit qu'il sera plus épanoui, grâce à la sérénité récoltée pendant la longue escalade de ma falaise. D'une manière certaine, elle aura transformé mon regard, mon sourire sera enrichi par la traversée de ce long tunnel dans lequel j'ai rencontré Dieu d'un peu plus près!

Si je me bats ainsi, c'est pour aider ceux ou celles qui connaîtront un jour la même bataille. Je veux qu'ils sachent qu'être brûlé n'est pas une maladie, que nous avons l'espoir de retrouver un jour une vie plus ou moins normale. Bien sûr, les mutilations provoquées par les flammes sont terribles ! Un corps dévasté par le feu, des mains sans doigts, un visage défiguré, des mains sans vie, des pieds déformés, j'en ai vu, c'est affreux. Mais il ne faut surtout pas qu'ils oublient qu'ils ont gardé l'essentiel : la Vie ! Je voudrais tellement qu'ils s'y accrochent. Car ils peuvent encore apporter par leur présence de l'amour à ceux qui les entourent. D'accord, notre vie, notre corps, notre peau ne sont plus les mêmes. Ils gardent des traces, mais avec l'aide des masques, des vêtements compressifs, des cures, des massages, de la rééducation, ils gagneront eux aussi en progrès. Oui ! Notre peau deviendra plus souple et s'éclaircira. Les démangeaisons, les picotements, la sensibilité aux changements de temps diminueront avec les années.

Il leur faudra seulement beaucoup, beaucoup de patience. Il leur faudra énormément de persévérance, une immense dose de volonté, une grande rage de vaincre et surtout croire que le temps est un grand maître, qu'il arrange beaucoup les choses. Il faudra essayer d'accepter ce bouleversement qui peut transformer toute une vie. Il faudra même qu'ils désirent de toutes leurs forces que cette transformation les conduise vers un nouveau départ.

47

« Vraiment, la médecine fait des miracles! » me dit-on.

Je souris en précisant avec assurance et fermeté : « La médecine? D'accord, mais la volonté aussi... Sans elle et ma participation, les progrès ne seraient pas aussi importants et visibles! »

En ce 28 mai 1989, après cinq semaines de lutte constante pour accepter le masque entier, j'étais très heureuse d'être présente à la première communion de mon cher neveu Yannick. Cette joyeuse fête réunissait une seconde fois cette année la famille. J'étais surtout très fière de leur montrer les progrès de mon visage qui, visiblement, les étonnaient.

Après un déjeuner qui s'éternisait, je guettai et j'espérai le signal d'une promenade. J'aspirais de toutes mes forces à me réfugier avec Fernand et Séverine dans la belle et ancienne église de Thierenbach, située à quelques centaines de mètres du restaurant. Depuis mon enfance, je visitais souvent ce lieu de pèlerinage en Alsace. J'attendis donc avec une grande impatience le moment où mes yeux pourraient enfin se poser sur celle que j'aimais. (Je la priais toujours en second pendant mon séjour douloureux au service des brûlés à Metz.)

Comme je fus heureuse après la promenade de m'isoler devant la Vierge de Thierenbach!

Merveilleuses et inoubliables retrouvailles. Je savourais doucement cet instant en ouvrant tout grand mon cœur afin d'accueillir cette lénifiante force qui s'y glissait. J'implorai avec humilité la Vierge de me donner la volonté, le courage nécessaires pour continuer l'ascension de ma falaise qui commençait à m'épuiser.

Effectivement, j'étais fatiguée par les douleurs constantes de ma peau greffée qui subissait la température déjà très élevée de ce mois de mai, annonce d'un été brûlant. Cette chaleur précoce provoqua l'apparition indomptable d'une allergie tenace qui couvrit, jusqu'en novembre, mon visage de boutons et de taches rougeâtres. Leur présence me désespérait et m'agressait par des démangeaisons continuelles. Ces atroces picotements s'ajoutaient à ceux de la peau greffée et brûlée. Par moments, je me demandais comment je faisais pour ne pas devenir folle! L'attente hallucinante de la cicatrisation de mon coude me perturbait... L'impatience de porter les vêtements compressifs de Médical Z. me rendait nerveuse. La minerve m'étouffait. Le gant de la main droite me gênait dans les premiers travaux ménagers. Les masques m'incitaient à la mélancolie. Il fallut me rendre à l'évidence : je vivais le passage le plus éprouvant de mon tunnel. Mon moral faiblissait, au grand désespoir de mon cher mari qui n'acceptait pas que je pleure.

« Fernand, laisse-moi de temps en temps verser des larmes. Je ne peux pas être constamment une héroïne! Tu sais bien que je n'abandonnerai jamais. Ma bataille est tellement difficile... que tu dois me laisser pleurer. J'en ai le droit... Tu ne crois pas? »

Immédiatement, ses yeux se remplissaient de bonté. Je n'attendais plus qu'une seule chose, que ses bras protecteurs s'ouvrent! Avec hâte, j'y déversais mes sanglots, mes peines! Je dois avouer que c'est grâce à cette merveilleuse harmonie existant entre nous que je retrouvais toujours l'élan pour continuer. Sa force affectueuse me servait de refuge, de soutien. Vraiment, sans lui, le combat aurait été terrible.

48

Au cours de cette pénible période, je réalisai l'importance de pouvoir m'évader de mes souffrances en... écrivant. Chaque jour, après les soins et la rééducation, je me réfugiais dans les brouillons de ce que j'appelais mes « mémoires ». Grâce au besoin fou d'exprimer ma pensée, je ne voyais plus le temps passer. Mon esprit était ainsi occupé. En même temps, il se vidait en rejetant une à une toutes les images douloureuses qui m'assaillaient malgré moi. M'isoler devenait une vraie nécessité afin d'expulser les tumultueux souvenirs qui hantaient encore ma mémoire.

Dès le début de mon récit, que je rédigeais en écoutant de la musique classique. Il naquit au fond de mon corps une ardeur inconnue jusqu'à ce jour. Cette frénésie inexplicable provoqua une sorte d'apaisement pendant lequel j'oubliai mon calvaire et l'été 1989. Un équilibre silencieux grandit au plus profond de mon être, dans un mélange inouï de larmes et de bonheur. Jamais je ne pourrai oublier ces moments intenses où je parlais à haute voix avec les feuilles blanches qui se remplissaient sans effort. Les symphonies de Beethoven, la *Grand-Messe* et le *Requiem* de Mozart soutenaient mon âme par leurs richesses musicales. Je n'éprouvais plus qu'un désir, m'isoler pour laisser parler mon cœur qui pleurait souvent en revivant certains passages de cette extraordinaire aventure. Le psychologue-sophrologue de Sainte-Foy-l'Argentière et le médecin-sophrologue de Mulhouse trouvèrent cette expérience favorable pour la guérison de mon psychisme. C'était une vraie psychothérapie!

Ainsi, de mon propre gré, j'évacuais tout le passé douloureux. Grâce à ce livre, grâce à la volonté de le terminer, je faisais psychiquement d'énormes progrès. Tous mes souvenirs, parfois si proches, me semblaient lointains : l'accident, nos séjours à Metz et Sainte-Foy-l'Argentière que je voulais à tout prix oublier pour réussir mon retour difficile dans le monde des bien-portants commençaient à s'estomper! Je ne pourrai certes jamais les oublier... Mais l'essentiel, c'était de les dominer, de pouvoir revivre. La réalisation de ce travail personnel intérieur, solitaire m'aidait à atteindre la guérison de mon esprit. En plus, il me donnait un but précis, positif dans ce passage difficile de ma vie. Il m'accordait le moyen de m'échapper. Il m'offrait le privilège de renaître entièrement en me poussant à dépasser mes forces intimes.

Qu'aurais-je fait sans ce livre, ne pouvant plus m'occuper de mes anciennes responsabilités? Mon métier m'obligeant à être continuellement debout favorisait les douleurs de mon pied greffé. Mon bras droit blessé ne supportait pas encore tous les mouvements répétés à cause des brides et des greffes. L'angoisse de me cogner le coude me hantait. Les questions, les regards des clients me blessaient malgré leur sympathie et leur amitié. La vue des toilettes estivales dénudant épaules et bras bronzés me faisait mal. Les projets de vacances, les conversations superficielles me paraissaient venir d'un autre monde!

Faire dans la journée des achats dans les magasins m'était devenu impossible à cause des spots. Cette chaleur perturbait complètement mon organisme fatigué. Une allergie envahit mon visage dès le début du mois de mai et m'empêcha de continuer à porter les masques en plastique. Je dus même les remplacer par l'ancien conformateur de Sainte-Foy-l'Argentière, moins efficace pour mes hypertrophies.

Mon Dieu, comme les journées étaient longues, solitaires! Je restais souvent seule, terriblement seule avec mes souffrances, mes angoisses, mes souvenirs. Malgré toute l'affection de mon mari et des miens, je peinais. C'est pourquoi ce livre devint pour moi à ce moment-là une raison de plus pour lutter, pour vaincre le découragement, *pour vivre*. Oui, VIVRE. Grâce à lui, je me sentais moins inutile. Il me permettait de réaliser quelque chose de valable, de fort, de vrai, puisque ce dont je parlais était du vécu... De plus, je le vivais dans mon cœur, dans ma chair, avec mes larmes. Il transformait toutes ces heures de solitude et de souffrance en heures de délivrance et de soulagement indescriptibles.

Le miracle de ce livre fut tout simplement la possibilité de m'envoler avec la merveilleuse musique classique vers des horizons insoupçonnables. J'y oubliai toutes les contraintes et bouleversements de ma vie de femme, d'épouse, de mère et mes peurs intérieures! Vraiment, je ne remercierai jamais assez Dieu de m'avoir inspiré cette envie inexplicable et formidable d'avoir osé concevoir pareil témoignage.

Témoignage qui pourra certainement aider d'autres brûlés qui *sont et seront un jour plus ou moins touchés* que moi. Je souhaite de toutes mes forces que le Dieu de mon cœur les soutienne dans ce dur combat qui ne peut les amener que vers la victoire, c'est-à-dire la vraie vie.

49

Malgré toute l'ardeur de poursuivre mon livre à l'abri de la chaleur, dans le sous-sol de notre maison, je me sentais abattue. C'est pourquoi Fernand n'arriva pas à me persuader d'effectuer un voyage de deux jours à Paris. Je laissai partir mon mari seul, malgré la promesse faite à la Vierge du Sacré-Cœur. Avec tristesse et regret, je l'imaginais à Paris avec Pascal qui, lui, revenait d'un court voyage sur la Côte. Je me représentais ces retrouvailles sans moi ! Au fil des heures, une drôle de sensation oppressa ma conscience. Comment avais-je pu renoncer à ce voyage qui m'aurait accordé tant de joie ? Au plus profond de mon cœur brûla une sorte de remords. Mon inexplicable décision me mit mal à l'aise. Le soir même, j'avouai mes sentiments à mes amis Brigitte et Jean-Marc qui devaient rencontrer mes deux hommes pour dîner le dimanche.

« Mais enfin, Gerda, qu'est-ce qui t'a pris de laisser partir Fernand tout seul ? me lança sévèrement mon amie au téléphone. Veux-tu venir au plus vite à Paris pour surprendre tes hommes ? Ce serait formidable pour eux de te découvrir dimanche soir avec nous ! Allons, Gerda, secoue-toi un peu ! Viens allumer ce cierge toi-même, tu l'as promis, alors qu'attends-tu ? Décide-toi vite, nous serons sur le quai de la gare de l'Est pour t'accueillir. »

Comme un éclair, ces mots foudroyèrent mon esprit qui se réveilla d'un seul coup. J'organisai le lendemain, avec une frénésie de collégienne, mon départ imprévu pour Paris avec l'aide d'Hermine qui tempéra mon excitation joyeuse.

Un courage énorme m'habitait le dimanche 4 juin 1989. Une dernière fois, j'agitai gaiement la main, en direction des regards chargés de tendresse d'Hermine et de Séverine qui m'avaient accompagnée sur le quai de la gare de Mulhouse. Jamais voyage en train ne me parut aussi court. Je dévorais avidement le paysage qui défilait sous mes yeux. Je dialoguais dans mon cœur avec Dieu et ma joie était indescriptible. En fin d'après-midi, j'aperçus avec ravissement les premiers toits parisiens. À peine descendue du wagon, je fus emportée dans les bras puissants de Jean-Marc qui me soulevait avec enthousiasme. Je sentis à sa voix combien il était ému de me revoir, de me serrer dans ses bras. Brigitte, qui patientait dans la voiture, me pressa tout aussi fort sur son cœur. Quoique très émue, mon amie me témoigna sa tendresse et son amitié :

« Mais comme tu as fais des progrès ! Comme tu es bien, Gerda ! J'avais si peur de ne pas savoir trouver les mots justes. À présent que tu es devant moi, je suis rassurée ! Quel bonheur de te revoir ainsi, pétillante de vie ! C'est incroyable ! » me répéta-t-elle en me couvrant de regards admiratifs et de baisers.

Leur accueil chaleureux, leur gaieté me faisaient trembler d'émotion. Cette formidable sensation me poursuivit tout au long de la promenade, à l'ombre du parc de Saint-Cloud. Mes amis m'écoutèrent avec attention. Je leur racontai mes souvenirs et mes progrès. Peu à peu, ils découvrirent ma douloureuse aventure. Dans leurs yeux se mélangeaient à la fois l'étonnement et la peine. Mon récit les bouleversait visiblement et Brigitte ne put s'empêcher de s'exclamer :

« C'est inouï ! Comme tu as souffert ! On ne peut pas s'imaginer ton calvaire. Mais ma chère Gerda, je peux te dire que tu as eu pleinement raison de te battre. Cela en valait la peine puisque tu as un superbe mari et des enfants qui t'aiment. Grâce à leur soutien, à ta foi, tu peux être fière de toi. Le résultat de ton combat est spectaculaire. Tu verras, Gerda, l'avenir récompensera tes sacrifices ! »

Leurs paroles m'enivrèrent d'une paix profonde, mais je ne pensais plus qu'à retrouver mes deux hommes pour le dîner. Ce n'est que vers 20 h 30, cachée à l'arrière de la voiture de mes amis, que mes yeux rencontrèrent ceux de Fernand et Pascal. Instantanément, leurs regards étincelèrent de joie et se remplirent d'une lueur extraordinaire que je comparai à celle de Metz au moment où je leur avais annoncé ma sortie dans le parc de l'hôpital Notre-Dame-du-Bon-Secours.

Je réalisai alors combien ma décision, ma présence imprévue, leur apportait à cette seconde même une sorte d'immense fierté.

Prodigieuses fractions de seconde de tension exceptionnelle où, encore une fois, plus rien ne comptait pour nous que nos trois cœurs soudés ensemble par des souvenirs à jamais gravés dans notre amour. La soirée fut merveilleuse entre mes deux hommes. Ils explosaient de joie, ainsi que mes amis tellement contents de la réussite de notre complot. J'oubliai mes contraintes apparentes sous les regards chaleureux des Parisiens.

Décontractée, j'osai même braver mes complexes en allant téléphoner au comptoir du restaurant pour rassurer Séverine de l'heureux succès de notre conspiration. Sa petite voix tremblante et lointaine plongea dans mon cœur comme une larme de tristesse. Je l'essuyai avec discrétion, ne voulant pour rien au monde troubler ce premier contact avec le monde des bien-portants qui me permettait de revivre. Une sensation forte de courage me fit savourer chaque minute de cette inoubliable soirée. Je riais, le cœur débordant de bien-être. Au fond de moi, je ressentais toutes les futures possibilités de ma nouvelle vie. Il ne me manquait qu'une chose, la présence de Séverine...

50

Le lendemain matin, je gravis doucement avec Fernand les nombreuses marches qui nous guidaient vers la majestueuse basilique du Sacré-Cœur de Paris. Sa splendeur m'éblouissait. Sa puissante beauté se détachait sur un fond de ciel bleu, alors que la matinée s'annonçait plutôt pluvieuse et grise.

Ma respiration devenait haletante, mon cœur battait, affolé par les efforts que je lui imposais, mes muscles se rebellaient, une envahissante sueur recouvrait mon corps. Pourtant, je persévérais à grimper vers le sommet en m'accrochant au bras de Fernand qui m'encourageait affectueusement. Mes pieds caressaient ces marches que, dans mes rêves, dans mes prières, j'avais si souvent foulées. L'odeur de la ville de Paris m'enveloppait à présent entièrement. Toutes ces minutes s'écoulaient avec tellement d'intensité qu'au plus profond de mon être je n'aspirais qu'à une chose : atteindre le but de mon escalade éprouvante et goûter cet instant de bonheur ineffable. Mon vœu se réalisait. Reprenant mon souffle à la dernière marche, je laissai mes yeux s'envoler sur le splendide panorama que m'offraient en récompense mes efforts.

Les mots ne sont pas assez forts pour exprimer le sentiment de victoire que je ressentis en atteignant la porte du Sacré-Cœur. Une tranquillité intérieure glissa en moi tandis que je pénétrais dans l'intérieur grandiose de l'église. Une musique somptueuse m'enveloppa et m'apaisa aussitôt. Mon corps, mon âme étaient prêts à accueillir cette énergie, cette harmonie intérieure. Aux pieds de celle que j'avais si souvent implorée, suppliée pendant mon pénible séjour à Metz, je demandai du courage. Fernand m'aida à allumer le cierge tant souhaité. Des larmes de bonheur glissèrent silencieusement sur mes joues enflammées. Je regardai avec foi, avec ferveur la flamme danser au souffle de nos lèvres priant en silence. Je pris peu à peu conscience de l'étincelle divine, qui s'harmonisait avec mon besoin de solitude et d'amour. Bercée par la musique religieuse, la pénombre reposante de ce lieu de recueillement, plus rien n'existait pour moi que cet instant de totale communion avec Dieu et Fernand.

Ce moment était tellement profond, tellement réel que j'en éprouve encore des frissons lorsque j'y pense. En m'éloignant de la basilique du Sacré-Cœur, je sentis au fond de moi chanter la confiance et l'amour partagés avidement avec mon mari. Cette découverte s'ajoutait à toutes les valeurs insoupçonnées déjà détectées. Cela me redonnait un élan nouveau pour lutter, pour continuer à écrire. Afin de faire comprendre que chacun de nous peut retrouver les valeurs en lui-même sans recevoir la « gifle » que j'avais reçue !

Tout en regardant autour de moi, je réalisai que nous débouchions sur la place du Tertre. J'y découvris avec plaisir la vie turbulente et joyeuse des Parisiens : les touristes et les peintres souriants proposant leurs dessins. Nous fîmes une longue promenade autour de cette place unique au monde. Mon esprit apaisé savourait pleinement ces images qui m'entraînaient maintenant dans le monde des bien-portants. Fernand me proposa un agréable déjeuner en amoureux dans un restaurant en bordure de cette place tant aimée et où je me sentais tellement bien. Pendant le repas, je regardai le va-et-vient des peintres et commençai à éprouver une irrésistible envie de me faire dessiner. Mais mon bon sens me conseillait le contraire : je portais le demi-masque en plastique ! Comment allais-je supporter les regards des nombreux touristes en cette journée de juin 1989 ? Mes pensées pêle-mêle n'arrivaient pas à trouver de solution. Aussi j'essayai de refouler au plus vite mon envie et écoutai Fernand avec conviction. À la fin du repas, il me proposa une dernière promenade autour de la place. Il nous restait encore assez de temps avant de rejoindre la gare de l'Est. Ravie, je parcourus une dernière fois des yeux chaque peinture, chaque détail. Je m'arrêtai devant chaque tableau. J'admirai avec sincérité le don de ces peintres qui en quinze, vingt minutes exécutaient au crayon ou à la craie les visages des touristes posant sagement lorsque, soudain, un attrait inimaginable me poussa vers un peintre inconnu.

Le cœur battant, je m'approchai doucement de cet homme qui me tournait le dos. Il dessinait un fumeur à pipe portant une originale casquette à carreaux. Sa taille haute, sa chevelure épaisse et sombre me troublèrent. Jetant un regard sur son travail, je fus séduite par la précision de son coup de crayon. La ressemblance de son modèle avec le dessin était frappante. Sans hésitation, je fis des gestes discrets à Fernand pour lui indiquer mon désir d'être dessinée à mon tour. L'appréhension du regard des touristes ne me tourmentait plus du tout à cet instant. Sans plus attendre, le cœur serré par une émotion indescriptible, je m'entendis demander d'une voix assurée :

« Monsieur, lorsque ce croquis sera achevé, auriez-vous la gentillesse de réaliser celui de mon nouveau visage ? »

À la même seconde, le peintre se retourna, m'embrassa sur la joue et répondit d'une voix amicale :

« Bien sûr, ma petite dame, pas de problème. Je vous ferai ça ! »

Cette réaction inattendue ne nous choqua nullement. Au contraire, notre conversation s'engagea aussitôt avec beaucoup de sympathie. Peu après, le peintre termina le portrait de l'homme à la casquette qui fumait toujours sa pipe. Celui-ci trouva le prix du dessin trop élevé et disparut dans la foule ! Je fus outrée de ce refus radical, mais le peintre m'expliqua que cela lui arrivait fréquemment. Ses yeux rencontrèrent alors les miens. Il me demanda d'une voix chaleureuse :

« Ma petite dame, que vous est-il donc arrivé ? »

Pendant qu'il m'installait sur un tabouret près de son chevalet, je lui racontai en quelques mots mon accident stupide. Ses yeux se voilèrent de larmes. Sa voix devint grave. À ma grande surprise, il me déclara être lui aussi un rescapé d'un accident de voiture qui avait failli lui coûter la vie. Les vingt minutes de pose nécessaires pour la réalisation de son travail s'écoulèrent rapidement. Pour supporter l'agression du regard des curieux qui nous entouraient, je fis défiler dans ma tête tous les moments de joie depuis mon arrivée à Paris. Lorsque j'entendis le peintre s'exclamer :

« Madame, c'est terminé ! J'ai réalisé votre “ nouveau visage ”, comme vous l'avez demandé. Mais avant de vous le donner, je tiens à vous préciser qu'il n'a pas été dessiné avec mes yeux, mais avec mon cœur ; j'ai tout mis dans l'expression de votre regard. Tout à l'heure une impulsion bizarre m'a poussé vers vous par un geste incontrôlé. Excusez ma réaction ! Pardonnez cette bise audacieuse ! J'ai certainement senti que nous avions les mêmes sentiments pour cette nouvelle vie qui nous a été accordée. Aussi, je vais me permettre d'ajouter une phrase sur mon dessin.

Elle nous gardera à jamais ensemble par la pensée : « *On a sûrement un point commun* ! »

Émue par les paroles sincères du peintre, j'attendis timidement près de son chevalet la permission de voir son travail. Son sourire bienveillant, ses yeux brillants m'accordèrent rapidement cette faveur. À la vue de son dessin, un vertige me fouetta le corps. Les battements de mon cœur s'accélérèrent. Une douleur subite s'installa au creux de mon estomac. Je restai bouche bée devant mon image. Ma main tremblante chercha celle de Fernand! Ensemble, nous partageâmes ce moment fort où je découvris pour la première fois mon visage « sans masque ».

Grâce à ce peintre inconnu qui avait futurisé mon autre visage tant désiré pour enfin *vivre ma nouvelle vie*, je compris que ma lutte en valait vraiment la peine.

Quittant Paris en fin d'après-midi, je savais que l'escalade de ma falaise n'était pas achevée, que je devais continuer à me battre. Mais au fond de moi vivaient des souvenirs heureux ravivés par un courage tout neuf, une volonté pleine d'ardeur, avec en plus cette flamme intérieure qui commandait en moi L'ESPOIR...

ÉPILOGUE

Victor Hugo, écrit que « le désespoir est un compteur, il additionne tout. »

C'est bien réellement ce que le mien a fait tout au long de ces deux années pendant lesquelles il a enregistré un à un tous ces mois de souffrances physiques et morales, de contraintes, d'attente et d'espoir.

Je me rends compte combien ce fut dur, harassant, épuisant. Mais je peux affirmer que malgré tout, je n'ai jamais perdu ma rage de vaincre, de vivre! Que je suis heureuse d'être à l'aube d'autres années qui m'offriront enfin de nouveaux trophées pour lesquels je me serais tant battue!

L'addition est lourde, très lourde à accepter, mais grâce à la volonté que Dieu m'a donnée... je persévère avec confiance.

Cette gifle fulgurante m'a transformée en une nouvelle femme qui ne regrette presque rien... Son corps? Sa vie d'avant? Certes oui! Mais comme l'a écrit le docteur Jean-Pierre F., de Metz, dans mon livre d'or :

> *« Votre corps portera toujours quelques traces de ce jour de juin 1988, mais elles vous paraîtront bientôt plus supportables parce que plus discrètes...*
>
> *Mais votre vie s'est enrichie d'une force qui vous restera à jamais. »*

juin 1990

Gerda Burg

TABLE

Imprimé en France
par la SOCIÉTÉ NOUVELLE FIRMIN-DIDOT
Dépôt légal : mai 1992
N° d'édition : 9472 – N° d'impression : 19979
35-8686-4

COLLECTION

L'Histoire à vif

Cardinal Wyszynski : *Notes de prison.*
Jean-Paul Bourre : *Bob Dylan. Vivre à plein.*
François Charles : *La Génération défroquée.*
Frei Betto : *Entretiens sur la religion avec Fidel Castro.*
François Malley : *Le Père Morelli de Dachau à Netza.*
Carl Friedrich von Weizsächer : *Le temps presse.*
Mgr Teodoro C. Bacani : *Église et politique aux Philippines.*
Daniel Perrot : *Les Fondations de la Mission de France.*
Hélène Falconetti : *« Falconetti ».*
Charles Antoine : *Les Catholiques brésiliens sous le régime militaire (1964-1985).*
Téofilo Cabestrero : *Le Cri du Nicaragua.*
Émile Poulat : *Poussières de raison.*
Giancarlo Zizola : *Dialogue de la Grande Muraille.*
Geneviève Reynaud : *Sortir du ghetto.*
Bernard Ugeux : *Les Petites Communautés chrétiennes.*
Pedro Meca Zuazu : *La Vie, la Nuit.*
André Jacques : *Une indomptable énergie, Madeleine Barot.*
Mahmud Darwish : *Poèmes palestiniens.*
Christian Weber : *Vivre en RDA. Pourquoi je reste !*
Jean-François Théry : *Pour en finir une bonne fois pour toute avec la censure.*
Edgar Weber, Georges Reynaud : *Croisade d'hier, djihad d'aujourd'hui.*
Jean-François Mayer : *Confessions d'un chasseur de sectes.*
Nilo Agostini : *L'Option communautaire.*
Meir Mendes : *Le Vatican et Israël.*
Maxime Steinberg : *Les Yeux du témoin et le Regard de borgne.*
Emilo F. Mignone : *Les Disparus d'Argentine.*
Albert Chambon : *An 2000. Déclin et renouveau de la civilisation occidentale.*
Jean Vinatier : *Le Père Louis Augros. Premier supérieur de la Mission de France.*
Emmanuel Hirch : *Aides solidaires.*
Bat Ye'Or : *Les chrétiens d'Orient entre Jihâd et dhimmitude.*
Jean-Marie Gaudeul : *Appelés par le Christ, ils viennent de l'islam.*

Hors série

Paul Gauthier : *Chronique du Procès Barbie.*
J.F. Collinot : *Drogue, la tête à l'enfer.*